$EM PLANTÕES

PAULO PORTO

$EM
PLANTÕES

Faça o seu dinheiro trabalhar por você

Educação financeira para
profissionais de saúde

© Paulo Porto, 2024
Todos os direitos desta edição reservados à Editora Labrador.

Coordenação editorial Pamela Oliveira
Assistência editorial Leticia Oliveira, Jaqueline Corrêa
Projeto gráfico Amanda Chagas
Diagramação Estúdio DS
Capa EFX Design e Performance
Consultoria de escrita Central de Escritores: Rose Lira, Gabriella Maciel Ferreira, Iago Fechine e Álvaro Rosa
Preparação de texto Lucas dos Santos Lavisio
Revisão Maurício Katayama

Dados Internacionais de Catalogação na Publicação (CIP)
Jéssica de Oliveira Molinari - CRB-8/9852

Porto, Paulo

$em plantões : faça seu dinheiro trabalhar por você! / Paulo Porto. – 1. ed.
São Paulo : Labrador, 2024.
160 p.

ISBN 978-65-5625-501-9

1. Finanças pessoais 2. Investimentos 3. Médicos – Finanças pessoais I. Título

23-6909   CDD 332.024

Índice para catálogo sistemático:
1. Finanças pessoais

Labrador

Diretor-geral Daniel Pinsky
Rua Dr. José Elias, 520, sala 1
Alto da Lapa | 05083-030 | São Paulo | SP
contato@editoralabrador.com.br | (11) 3641-7446
editoralabrador.com.br

A reprodução de qualquer parte desta obra é ilegal e configura uma apropriação indevida dos direitos intelectuais e patrimoniais do autor. A editora não é responsável pelo conteúdo deste livro. O autor conhece os fatos narrados, pelos quais é responsável, assim como se responsabiliza pelos juízos emitidos.

À Clarissa, minha esposa e parceira de vida, que acreditou no nascimento do Doutor Investimentos e o incentivou desde o primeiro instante. Obrigado por tudo, incluindo nossos "dividendos", Sara e Lelê! É tudo por vocês.

AGRADECIMENTOS

Após o excesso de exposição proporcionado pelas redes sociais, a gratidão se tornou muito mais um amuleto que, de fato, uma virtude; muito se fala e pouco se é grato, talvez por isso seja tão fácil deixar de lado essa parte das nossas vidas, mesmo que isso signifique deixar de dar o devido valor aos verdadeiros investidores.

O tempo é o bem mais precioso que alguém pode lhe oferecer.

Por esse motivo, é preciso agradecer a todos os que dedicaram tempo à minha vida e, de uma forma ou de outra, contribuíram com a minha formação e construção, e, claro, também agradeço a você que, neste momento, dedica seu tempo a ler este livro.

Também não posso deixar de agradecer à equipe que me socorreu quando precisei; à máquina insana de arrecadação do governo, que já no primeiro ano de faturamento me ensinou uma lição, a duras penas; ao colega de profissão que me proporcionou grandes insights; aos colegas da Aplix, que me apresentaram o mundo dos investimentos; a Robert Kiyosaki, que escreveu um livro transformador em minha jornada; à minha esposa Clarissa, que me incentivou a criar o Doutor Investimentos; ao time que editou e formatou este trabalho e à editora que o materializou. O que eu quero dizer é que são incontáveis frações de "tempo" compartilhadas que nos trouxeram até aqui, e eu gostaria de dizer a cada uma dessas pessoas: muito obrigado!

Em especial, quero agradecer a duas pessoas: meus pais. Obrigado por não desistirem de ter um filho; mesmo enfrentando desafios para concretizarem o sonho da maternidade, lutaram até que eu tivesse a oportunidade de vir ao mundo. Agradeço por cada noite de vigília à beira da cama na minha infância, por cada noite de oração na minha adolescência e por cada minuto que ainda dedicam a mim, à minha esposa e às minhas filhas.

Meus pais dedicaram os melhores anos de suas vidas para garantir a minha saúde e segurança, deixando de lado tantos desejos pessoais para investir tudo que tinham em mim.

Eles sempre souberam que o melhor investimento é a educação, me ensinaram isso desde cedo e sem plano B ou alternativas: o maior investimento de nossa família eram os estudos! Sabendo disso, eu cumpria o meu papel e me dedicava ao máximo.

Sem dúvida alguma, vocês são meus maiores exemplos de investidores, pois se dedicaram não só a pagar os boletos das escolas, mas também a garantir o amor e conforto necessários para que pudesse conquistar tudo que conquistei, sabendo que, mesmo que não desse certo, ainda assim me amariam. Por todo esse tempo dedicado, nunca terei como agradecer o suficiente.

SUMÁRIO

Apresentação (*por Felipe Romcy*) —————— 11

Prefácio ———————————————————— 15

INTRODUÇÃO ————————————————— 21
QUEM ESTÁ ERRADO: EU OU O OUTRO?

CAPÍTULO 1 —————————————————— 31
ANTES DE SER MÉDICO, TENHO UMA HISTÓRIA
A *educação financeira pautada na história de vida*

CAPÍTULO 2 —————————————————— 47
SAIA DA BOLHA EPIDEMIOLÓGICA E RESPIRE
A *visão de mundo e a mentalidade sistêmica do universo da saúde*

CAPÍTULO 3 —————————————————— 73
SOU MÉDICO, MAS NÃO SEI DE TUDO
O *que o médico precisa saber para dar início à sua liberdade financeira?*

CAPÍTULO 4 —————————————————— 89

A SAÚDE DO DINHEIRO DEPENDE DO MÉDICO

Planejamento financeiro e gestão de risco

CAPÍTULO 5 —————————————————— 113

MÉDICO TAMBÉM SE PAGA

O autopagamento e a capacidade de poupança

CAPÍTULO 6 —————————————————— 133

VÁRIOS CAMINHOS, UM SÓ OBJETIVO

Trilhando o caminho do investidor bem-sucedido

Si vis pacem, para bellum —————————— 156

Apresentação do autor e seus contatos —— 159

APRESENTAÇÃO

Eu sou Felipe Romcy Araújo, CEO da Aplix, e conheço o Paulo Porto desde 2010. A Aplix é uma empresa de assessoria e consultoria patrimonial, nascemos por volta do ano de 2010, mesma época em que conheci o Paulo. Atualmente, a empresa tem mais de dez anos, e sou presidente, não atuo mais diretamente como assessor de investimentos, com os clientes, mas nos movimentos estratégicos da empresa e nas relações institucionais.

A Aplix ajuda nossos clientes a tomar boas decisões patrimoniais, com o objetivo de promover melhor qualidade de vida e dar a eles maior tranquilidade em navegar pelo mercado financeiro, que é um mercado tão complexo e do qual costumam ter medo, receio de investir.

Muitas pessoas chegam a ter uma relação conturbada com o dinheiro. Ao longo do tempo da empresa, já pudemos identificar que, independentemente de já terem ou não um patrimônio, terem ou não dívidas, o dinheiro costuma ser uma problemática na vida das pessoas. Ou por não saberem como juntar, como gastar, como montar um planejamento de vida e adquirir independência financeira, ou por trabalharem a vida toda sem ter um objetivo específico e claro, só para "juntar dinheiro" a qualquer custo.

Logo que a empresa começou, captei o Paulo como cliente para ajudá-lo a navegar no mercado financeiro, definir os investimentos que viesse a fazer, entender seu planejamento de vida, como criar sua carteira de investimentos etc.

Quando o conheci, ele ainda estava começando a investir. Algo que noto é que ele possui uma personalidade muito interessante, é um cara fácil de lidar, muito comunicativo, transparente e objetivo. Rapidamente nos identificamos, e a Aplix começou a ajudá-lo com seus recursos. Ele tinha passado por todo tipo de problema que poderia imaginar na área financeira! Fomos estreitando as relações cada vez mais e nos identificando no objetivo em comum de ajudar mais pessoas a investir.

É nítido para mim que Paulo evoluiu bastante nesse tempo que se passou. Hoje ele entende muito bem a importância de fazer o planejamento financeiro, de ter gestão de risco, sabe tratar desse tema que tantas vezes se torna um grande tabu para as pessoas. Ao longo do tempo, demonstrou interesse em aprimorar os conhecimentos sobre o mercado financeiro como um todo, desde investimentos mais conservadores aos mais arrojados, incluindo até os seguros de vida e a proteção patrimonial. Paulo é uma pessoa que tem uma vontade enorme de aprender, por isso já navegou por todos os temas que permeiam o assunto. Ele sempre foi atrás de fazer e aprender na prática.

Na Aplix, conhecemos a vida de cada cliente, quanto ganha, quais seus custos, quais as experiências que já teve com investimentos, tanto positivas quanto negativas, quais os maiores receios, quais seus objetivos de vida, qual sua profissão, relações familiares, questões sucessórias, tudo. É para isso que existimos! Para juntar todas essas informações e traduzir para o cliente na forma de um plano de investimento financeiro, acompanhando as mudanças econômicas e adaptando esse plano de acordo com o que deve ser feito para cada momento, além das mudanças que ocorrem na vida das pessoas, como a chegada de um novo filho, um casamento, a vontade de empreender num novo negócio ou carreira etc. Foi isso que fizemos com o Paulo, lá no começo.

Não sei se por conta do Doutor Investimentos ou uma coincidência do universo, mas a profissão que mais se repete dentro da carteira de clientes da Aplix hoje é de médicos. Tenho uma teoria do porquê. Eles têm uma característica muito peculiar que difere das outras profissões: a maioria das pessoas termina a graduação e entra no mercado ganhando uma quantia determinada, depois vai subindo na carreira, gradualmente. Já o médico sai da faculdade podendo definir o quanto quer ganhar — e ganha muito! —, mesmo sem fazer especialização ou outro curso. Se fizer, esse alcance será ainda maior. Sinto que isso gera uma pressão em correr atrás do "tempo perdido", porque ele, o profissional, passou anos estudando sem ganhar nada e de repente está ganhando muito.

Entre os médicos que conheço, a maioria daqueles que não investe e possui dinheiro guardado trabalhou muito e ganhou tanto que não consegue gastar o dinheiro todo! Mas não porque houve um planejamento financeiro de fato. Há um certo deslumbramento, logo quando saem da faculdade e têm esse poder financeiro que não tinham antes.

Quando Paulo me falou sobre este livro, fiquei muito feliz. Acredito que ele pode ter um impacto social extremamente relevante ao conscientizar os profissionais médicos, que pertencem a uma classe tão diferente das outras profissões — claro que devido a muito estudo, trabalho e suor. Com um planejamento bem-feito e investimentos estratégicos, é possível ter médicos que atinjam a independência financeira aos 30 anos; aos 40, na pior das hipóteses! Mas não é isso que acontece, normalmente.

Este livro pode ajudar a tratar de um tema problemático no nosso país como um todo, que é a educação financeira — na cultura brasileira, há uma grande lacuna nessa questão. Eu, por exemplo, tenho mais de 30 anos, e meus pais nunca conversaram comigo sobre esse assunto! Com os meus avós, então, isso nunca existiu! Eu já converso com meus filhos, como acho que o Paulo conversa com suas filhas; a coisa vem mudando, mas ainda num ritmo muito lento. Por isso, acredito que esta obra tem um grande poder de impacto social, para ajudar, inclusive, as pessoas já consideradas bem-sucedidas!

É muito bom poder aprender com a experiência de quem já fez, já errou, já acertou e conta como foi, como o Paulo está fazendo aqui. Essa realidade vivida faz com que ele seja um propagador da mensagem de pensar o planejamento financeiro. Eu percebo que, normalmente, as pessoas só começam a pensar nesse assunto quando já é muito tarde! E é com conscientização que podemos cooperar com a resolução de um problema sistêmico em nossa sociedade.

Felipe Romcy
CEO da Aplix

PREFÁCIO

Há muitos anos, quando recém-formado, li dois artigos que me chamaram muito a atenção. Um citava as dez profissões que mais ganhavam dinheiro no Brasil, e a de médico era a primeira. O outro listava as profissões que mais formavam milionários no país, e a de médico não estava nem entre as dez mais bem colocadas. Alguma coisa estava errada.

Ainda na residência, certa vez, um colega já bem-conceituado e com certo tempo de formado me disse quanto ganhava por mês — um valor, para mim, muito alto e que nem imaginava chegar a ganhar — e citou que todo mês fazia uso do cheque especial.

Aqueles fatos, juntamente com o encontro de vários colegas médicos, já em idade avançada, virando noites e noites em plantões por pura necessidade e com qualidade de vida bem aquém do que eu imaginava ser o mínimo aceitável, me chamaram a atenção. Realmente, muita coisa estava errada.

Felizmente, aquela luz que acendeu para mim nunca se apagou. Comecei muito cedo a me dedicar à educação financeira e a uma prática aparentemente muito simples, mas que, infelizmente, poucos ainda têm em sua rotina: gastar menos do que se ganha e, com o que sobra, buscar fazer bons investimentos para, então, gerar uma renda passiva, ou seja, para o dinheiro trabalhar para você.

E, quando olho para trás, vejo a importância que bons livros sobre esse tema tiveram na minha caminhada.

A vida é uma passagem aonde chegamos sem nada e de onde partimos sem levar coisa alguma, e temos, no entanto, a possibilidade de deixar muita coisa boa durante a nossa existência. Acredito que escrever um bom livro é uma das formas mais nobres de deixar algo bom para os outros, para a sociedade na qual vivemos. Trata-se, na minha opinião, de uma bela contribuição social, de parte de um grande legado. Herança é o que você deixa para as pessoas. Legado é o que você deixa nas pessoas. O Paulo consegue, com esta bela obra, trabalhar os dois lados. Dentre outras coisas, ele nos ensina a construir uma confortável herança para as pessoas que amamos, por meio de um grande legado: seu livro.

Quando, logo no começo do livro, ao citar uma passagem do início da sua carreira, Paulo diz que "o problema era que gastava todo o dinheiro ganho, porque achava que merecia, e tinha uma urgência desenfreada de realizar tudo o que desejava, como se o mundo fosse acabar logo", ele está, na verdade, narrando a vida de muitos colegas médicos, que se dedicam avidamente ao consumismo e à cultura do endividamento por bens passivos, que perderão valor ao longo do tempo e que comprometerão as suas vidas futuras. A pessoa com mentalidade de rico se endivida para comprar coisas que aumentarão de valor. A pessoa com mentalidade de pobre se endivida comprando coisas que perderão valor. Felizmente, ele se deu conta muito cedo dessa triste realidade e, agora, busca ajudar os seus colegas de profissão a se libertarem dessa mentalidade destrutiva.

Paulo chama a atenção para a "corrida dos ratos", em que os médicos trabalham loucamente para pagar dívidas, que muitas vezes não precisavam ter, e terminam por se afastar cada vez mais daqueles que mais amam e de uma vida com propósito.

Muitas pessoas trabalham tanto que não têm tempo de ganhar dinheiro. E, pior, trabalham tanto que não têm tempo de viver, prejudicando seus relacionamentos pessoais e colocando em risco a harmonia familiar, tendo como consequência frequentes divórcios, depressão, entre outras coisas. Com a classe médica, não é diferente. No entanto, precisamos trabalhar e ganhar dinheiro para viver, e não para morrer. O dinheiro não pode ser o objetivo final, mas sim parte do meio para conseguirmos o que queremos, para termos uma vida digna, ao lado das pessoas que amamos, e contribuindo para uma sociedade melhor. Infelizmente, algumas pessoas são tão pobres que só têm dinheiro.

Gosto muito de um provérbio chinês que diz: "Dinheiro perdido, nada perdido. Saúde perdida, muito perdido. Caráter perdido, tudo perdido".

Outro ponto importante citado no livro é a necessidade de proteção contra imprevistos, em especial para profissionais autônomos, que só ganham dinheiro se trabalharem. Poucas pessoas se preparam para esses infortúnios, mas eles acontecem com muito mais frequência do que imaginamos. A importância de ter bons seguros, como seguro de vida, para acidentes pessoais, seguros patrimoniais e seguro ou plano de saúde, é, muitas vezes, esquecida ou tida como gasto desnecessário por muitos. No entanto, como cita Paulo, "antes de qualquer coisa, é preciso se proteger". Aliás, ele dá ênfase a essa ideia ao dizer que "investir nada mais é do que proteger: proteger a você, proteger à sua família e proteger aos seus".

Nesta obra, mais do que onde investir, você, caro leitor, encontrará um verdadeiro incentivo ao investimento em você mesmo, em conhecimento, como a principal forma de ter mais receitas; a uma mudança de comportamento em relação ao dinheiro e à coragem para perseguir seus sonhos e, consequentemente, uma vida plena, de sucesso. Como cita Paulo, "qualquer coisa que diminua a minha liberdade e meu tempo com a minha família não me serve".

Sempre é tempo para começar. No entanto, quanto mais cedo você iniciar, melhores os resultados; afinal, como diz Paulo, "o caminho mais curto para o enriquecimento é o longo prazo".

Por fim, concluo com uma citação de Rubem Alves: "Não havíamos marcado hora, não havíamos marcado lugar. E, na infinita possibilidade de lugares, na infinita possibilidade de tempos, nossos tempos e nossos lugares coincidiram. E deu-se o encontro". Acredito que este é o momento do nosso encontro com esta brilhante obra e, em especial, com o despertar para essa mentalidade e filosofia de educação e planejamento financeiros.

Boa leitura e bons investimentos a todos!

Elias Leite
Médico e gestor

*"Se uma pessoa adquire a atitude correta
em relação ao dinheiro, isso ajudará a endireitar
quase todas as outras áreas de sua vida."*

BILLY GRAHAM

*Pregador batista norte-americano.
Foi conselheiro espiritual de vários presidentes norte-americanos.*

O PLANTÃO NÃO É O VILÃO. NA VERDADE, É UM ALIADO QUE DEVE SER UTILIZADO COM MUITA SABEDORIA.

@DOUTORINVESTIMENTOS

INTRODUÇÃO

QUEM ESTÁ ERRADO: EU OU O OUTRO?

A minha história no mundo dos investimentos se iniciou quando saí da faculdade de medicina e comecei a trabalhar; ali eu percebi que havia algo muito errado e que seria necessário pensar em uma solução urgente.

Eu só identifiquei que solução seria essa no meu segundo ano de residência, quando descobri o mundo dos investimentos. Ali começou meu despertar e o meu aprendizado. Mas, para isso, precisei passar por muita coisa antes.

Formei-me em medicina no final de 2008 e, no ano seguinte, comecei a trabalhar. Ao chegar ao hospital para o meu primeiro plantão, tamanha foi minha surpresa ao descobrir que meu parceiro naquela noite seria um senhor de 74 anos. Eu que, por muito tempo, pensei que a medicina seria minha "carta de alforria", no mesmo instante em que vi meu parceiro de plantão, me deparei com um grande dilema: afinal de contas, quem está errado: eu, que apostei todas as minhas fichas na medicina, ou esse colega que aos 74 anos ainda precisa de um plantão noturno para garantir seu sustento?

Esse foi um insight muito poderoso que permaneceu nos meus pensamentos por bastante tempo. Meu desejo era entender o porquê, descobrir a resposta para essa pergunta.

Com o tempo, nós viramos amigos, visto que estávamos juntos toda semana. Depois de criar uma certa intimidade, em uma noite, quando o plantão estava muito tranquilo e ele estava bem descontraído, resolvi perguntar: "Dr. Alberto, o senhor está aqui em um plantão noturno, com a sua idade, por que gosta de trabalhar, pelo amor à medicina ou por que realmente precisa?".

Ele me respondeu, com muita generosidade: "Paulo, serei muito sincero. Ganhei muito dinheiro na minha carreira como cirurgião, consegui comprar minha casa, mas gastei com muitas futilidades e não fiz nenhuma reserva. Tenho dois filhos iniciando a carreira na faculdade de medicina em instituições particulares, então eu realmente preciso estar aqui".

Aos 74 anos, aquele homem estava preso ao trabalho devido à falta de planejamento financeiro de uma vida inteira.

Desde cedo, sempre cultivei a ideia de que a medicina seria o caminho para a minha liberdade financeira, a minha carta de alforria. Minha família pertencia à classe média baixa, sou filho único e meus pais se esforçaram ao máximo para pagar uma boa educação para mim.

Estudei em um ótimo colégio particular, mas meu pai sempre deixou claro que não teria condições de pagar um curso superior e que eu precisava passar no vestibular para uma faculdade pública. Fui aprovado em administração, computação e até cursei veterinária antes de conseguir passar em medicina.

Insisti, pois era na medicina que realmente enxergava uma área que me realizaria e em que poderia ganhar dinheiro, ser livre e independente.

Contudo, ao finalmente concluir o curso, fui muito marcado pela experiência com o dr. Alberto. Aquela cena ficou na minha cabeça durante um bom tempo. Antes de efetivamente entrar na residência, já vinha trabalhando de forma exaustiva. Eu me dividia entre o trabalho em vários hospitais e os estudos em dois cursos preparatórios para a residência durante toda a semana.

Para você entender, eu dirigia mais de 100 quilômetros para atender ao PSF[1], às segundas e terças-feiras, o dia todo, e, durante a noite, era plantonista no hospital da cidade. Nas quartas-feiras, além do PSF pela manhã, frequentava o MEDCURSO à noite; nas quintas, entrava no plantão às sete da manhã e saía na sexta-feira às treze horas (totalizando trinta horas de plantão) e, após essa maratona, ia para o MED, meu programa de sexta à noite. Aos sábados, estudava o dia todo com meu grande amigo Ismael e, aos domingos, descansava pela manhã e tarde, pois à noite já voltava para mais uma jornada de 24 horas de plantão, para começar a rotina da semana novamente.

Foi um ano de muito trabalho, sem ter uma concepção de educação financeira. Quando passei na residência, recebia uma bolsa do governo que era o equivalente a pouco mais de 10% do que eu já estava faturando. Isso significava reduzir bastante o meu padrão de vida, pois era preciso reduzir drasticamente a quantidade de plantões, visto que ainda era necessário dedicar mais horas de estudo para a formação.

A residência médica foi o primeiro investimento da minha carreira, pois era preciso sacrificar o presente para colher no futuro; afinal, um médico especialista acaba sendo mais bem remunerado. Então valeria a pena.

Eu precisava me especializar para trabalhar menos no futuro e ser mais bem remunerado por isso.

---

[1] Implantado pelo governo do Brasil em 1994, o Programa Saúde da Família é conhecido hoje como uma estratégia de saúde familiar.

Meses depois, tive meu segundo insight.

Como não somos ensinados sobre finanças em nenhum momento de nossas vidas, eu não sabia ao certo como funcionava o imposto de renda. Para minha surpresa, a minha contadora fez a declaração do imposto de renda e descobriu que eu teria de pagar 28 mil reais para o Fisco. Fiquei estarrecido.

Ela explicou que a prefeitura do local em que eu trabalhava pagava aos médicos um valor líquido e omitia o valor bruto. Em vez de descontar 27,5% do imposto, descontava apenas 15%, e nós não sabíamos desse detalhe. Ao contabilizar todos os ganhos dos meus plantões e rendas, ela descobriu que eu precisava pagar esses 28 mil reais. Percebi que esse seria um grande problema e fiquei em apuros.

Naquela época, almejava ganhar dinheiro para ter tudo aquilo que nunca tive, como um smartphone, um computador e meu primeiro carro, por exemplo. Além disso, queria muito retribuir os meus pais de alguma forma, depois de tudo o que fizeram por mim. Troquei o carro deles por um novo e reformei todo o apartamento deles.

O problema era que gastava todo o dinheiro ganho, porque achava que merecia, e tinha uma urgência desenfreada de realizar tudo o que desejava, como se o mundo fosse acabar logo. Quando me deparei com aquele prejuízo absurdo, questionei a mim mesmo:

"Como trabalhei tanto, ganhei tanto dinheiro e agora não tenho nada guardado para mim, nem sequer para pagar meu imposto?"

AOS 74 ANOS, AQUELE HOMEM ESTAVA PRESO AO TRABALHO DEVIDO À FALTA DE PLANEJAMENTO FINANCEIRO DE UMA VIDA INTEIRA.

@DOUTORINVESTIMENTOS

Estava encurralado, não tinha recursos para resolver a situação e caí na famigerada malha fina. Fiquei extremamente estressado e levei cinco anos para resolver esse problema com a Receita Federal. Atualmente, compreendo que aquele foi um erro não apenas da prefeitura, mas meu também. Se tivesse feito o que prego hoje, essa situação toda teria sido evitada.

Vivenciei tudo isso em apenas um ano de carreira — logo o primeiro. Iniciei a residência com um prejuízo de 28 mil reais, enquanto ganhava dois mil e não tinha nenhuma reserva na conta bancária. Toda aquela adversidade me fez criar uma concepção diferente sobre dinheiro. Vivi uma certa escassez financeira na minha infância e juventude, porém tive certeza de que não adiantaria buscar uma vida de consumismo nem agradar a todos ao meu redor sem antes me organizar, me preparar e me ajudar.

Foi então que tudo começou.

Conheci um curso de investimentos e lá fiz alguns amigos, que hoje são meus sócios da Aplix. Assisti às aulas de ações e gostei demais, virei cliente e passei a usar o meu dinheiro de uma forma mais inteligente. Costumo dizer que não me tornei um muquirana, mas consigo tranquilamente economizar e separar muito bem essas economias para os meus objetivos. Tornei-me capaz de organizar minhas finanças para fazer e ter tudo o que quero.

Consigo viajar e viver muito bem, porém sempre com uma boa reserva para lidar com alguma surpresa desagradável.

Observo que a classe médica não ganha mais o mesmo que ganhava há dez ou vinte anos, mas, ainda assim, ganha muito bem e pode ter uma vida muito boa. Por outro lado, a maioria dos colegas médicos está endividada. Quando comecei no mundo dos investimentos, antes mesmo de virar sócio da Aplix, quando era apenas um cliente que gostava do serviço, eu já motivava colegas e ensinava a alguns deles como guardar e investir o dinheiro, entretanto a resposta inicial era sempre a mesma: "Paulo, não tenho dinheiro nem para pagar as contas, quanto mais para investir!". Logo percebi que não há falta de recurso, mas sim de organização, de planejamento e de uma educação financeira.

Diante de uma imensa desorganização e muitas dívidas, o que muitos médicos fazem? Eles se matam de trabalhar em plantões!

Obviamente compreendo que a presença dos profissionais no plantão é essencial para a saúde funcionar, mas prego que a pessoa jamais deve se endividar na expectativa de trabalhar exaustivamente para poder pagar suas dívidas.

Muitas vezes, o médico compra um carrão e um imóvel financiado e, em troca, se torna escravo dos plantões. Parafraseando Robert Quillen, jornalista estadunidense, os médicos acabam trabalhando mais do que seria saudável, para comprar o que talvez não precisem, com o dinheiro que não têm, para terem status social e impressionarem pessoas de que nem gostam, e assim deixam de viver e aproveitar os bons momentos da vida ao lado das pessoas que mais amam.

Viver sem plantões é ter independência e liberdade para trabalhar, ter tempo para aproveitar a família e momentos de lazer e, assim, ter uma boa qualidade de vida ao longo da carreira.

O plantão não é o vilão. Na verdade, é um aliado que deve ser utilizado com muita sabedoria.

O que ensino é um projeto de vida que segue um caminho absolutamente contrário ao comum. Se eu tivesse continuado nessa corrida maluca para ter tudo que queria ao achar que o dinheiro era fácil, jamais conseguiria viver bem e não teria conquistado o que mais importa, minha liberdade.

Hoje posso dizer que há vários anos não dou um plantão sequer.

Ao iniciar esse projeto com a Aplix, senti uma vontade muito grande de criar um minicurso de investimentos que ensinasse aos médicos todas as etapas desse "mundo" que é investir, desde a educação financeira até o planejamento para montar uma carteira. Logo em seguida, surgiu a ideia de escrever um livro, para contar minha história e todos os insights que tive até aqui.

Desejo que esta obra seja um manual de instruções, tanto para o colega médico que está saindo da faculdade como para aquele que já é médico há um tempo, mas está totalmente perdido nas suas finanças.

O caminho mais curto para o enriquecimento é o longo prazo.

Sempre digo isso porque, quanto mais cedo o médico começar a abrir seus olhos, mais chances de sucesso ele terá. Muitas vezes quem está formado há vários anos já está preso na "corrida dos ratos"[2] e nem consegue enxergar a saída ou ouvir uma nova proposta, porque está ocupado demais e trabalha incessantemente.

Muitos colegas não conseguem mudar porque têm certos conceitos muito enraizados. Todavia, existem aqueles que estão dispostos a se educar, a planejar, a organizar e a aprender. Vale destacar que a educação financeira é algo de que todas as pessoas precisam, e não só o doutor, o advogado ou o empresário.

Não sou economista ou administrador. Sou apenas um médico que há mais de uma década se aventurou no mundo dos investimentos. Entretanto, com a minha experiência na área da saúde, posso provar que é possível, sim, um médico viver sem plantões. Por meio de estratégias de renda passiva, você pode fazer seus aportes e ganhar sem precisar trabalhar enquanto o dinheiro trabalha em seu lugar — e é sobre isso que você lê agora, e o convido a se aprofundar no assunto.

---

2 A corrida de ratos é um termo frequentemente usado para descrever o trabalho (particularmente o excessivo): se alguém trabalha muito, está na corrida dos ratos. O termo foi popularizado com o livro *Pai Rico, Pai Pobre*.

O CAMINHO MAIS CURTO PARA O ENRIQUECIMENTO É O LONGO PRAZO.

@DOUTORINVESTIMENTOS

CAPÍTULO 1

ANTES DE SER MÉDICO, TENHO UMA HISTÓRIA

A educação financeira
pautada na história de vida

"Se o dinheiro for a sua esperança de independência, você jamais a terá. A única segurança verdadeira consiste numa reserva de sabedoria, de experiência e de competência."

Henry Ford

Hoje sou médico e, acredito, bem-sucedido. Mas vim de uma família brasileira comum. Sou filho único, minha mãe é professora e meu pai era técnico de segurança da Petrobras.

O dinheiro lá em casa sempre foi muito controlado. Não cheguei a passar fome ou ser privado de alguma necessidade básica, mas nunca tive acesso a regalias, como roupas de marca ou fazer um intercâmbio. Não tive isso, mas sempre estudei em uma boa escola particular. Uma lembrança muito vívida que tenho na memória é do transtorno que minha família passava para pagar nosso primeiro apartamento, que era financiado, assim como o de quase todo mundo que eu conhecia naquela época.

Aquilo me marcou muito, porque era um financiamento que existia tempos atrás e era bem diferente do que vemos hoje em dia. Em vez de ser decrescente, quanto mais se pagava, mais o valor da prestação aumentava. Lembro demais da cena. Todo mês, quando chegava pelo correio o boleto com aquele valor sempre superior ao anterior, era um momento de paranoia dentro de casa. Meu pai se estressava muito e ficava encurralado entre quitar suas dívidas e não deixar faltar nada para a sua família. Essa realidade de sufoco financeiro foi uma constante na minha infância e adolescência.

Minha vida toda foi pautada em desafios financeiros. O pilar de sustentação da carreira foi baseado na velha frase, que é um clichê, mas é a pura verdade:

"O dinheiro não aceita desaforo."

Hoje já posso me dar vários luxos, mas as minhas raízes me impedem de fazer isso. Como nasci e fui criado em um ambiente de certa escassez, do ponto de vista financeiro, sou muito controlado, por mais que agora viva em uma realidade equilibrada. Nunca me encantei com relógios caríssimos ou carros importados; na contramão de muitos, eu sempre preferi estar preparado para a construção de um patrimônio que me proporcionasse liberdade e segurança.

Ter crescido em uma realidade que não era de riqueza me influenciou bastante positivamente. Viver aquela escassez me gerou grandes aprendizados. O primeiro deles foi entender que dinheiro é muito importante, mas não é tudo. É possível estudar, batalhar e crescer na vida sem ter muitos recursos. Essa é uma ferramenta fundamental; quanto mais dinheiro, melhor, mas acredito que não se deve viver em função disso.

O dinheiro deve proporcionar uma boa qualidade de vida para que a pessoa não viva exclusivamente em prol de suas finanças.

Quando se vive em meio à escassez, há duas possibilidades: conformar-se com a situação, ou adquirir a garra necessária para sair dela. A segunda opção foi a que eu escolhi. Antes de finalmente ser aprovado em medicina, fiz vestibular 23 vezes! Foram muitos anos de estudo, muitas tentativas, frustrações, dúvidas e muita persistência. Aquilo era o meu sonho, mas também minha carta de alforria.

Nesse meio-tempo, passei no vestibular de medicina veterinária, e meu pai, bastante orgulhoso, aproveitou que tinha se aposentado da Petrobras e recebido um fundo de garantia de cerca de quarenta mil reais, pegou parte do dinheiro para me presentear com um carro popular da época, um Corsa Windy 96. Por que meu pai fez isso?, pensei.

Hoje entendo que ele tinha a visão da importância de um pouco de conforto para eu me empolgar com a "nova graduação"; seu desejo era que eu tivesse uma educação de nível superior, independentemente de qual curso fosse.

Porém, essa empolgação não era unânime; ganhei a maior inimiga que tive na vida: minha mãe. Ainda bem que esse período foi temporário, apesar de muito importante para mim.

Há um fenômeno na medicina que é conhecido como a "mãe de médico". Ela partilha esse sonho tão intensamente com seu filho que será capaz de pressioná-lo e aborrecê-lo a ponto de ser contra ele pelo resto da vida caso não se torne médico. Certo dia, minha mãe veio até mim e disse o seguinte:

"Eu me esforcei tanto, fiz marmita para vender e trabalhei dois expedientes na prefeitura para pagar seus estudos. Não aceito ver você desistir do seu sonho". Ela dizia isso sem o menor pudor ou preocupação em me magoar. Estava ali para me impulsionar a qualquer custo. Minha cabeça virava um verdadeiro pandemônio, porque sabia que ela estava certa.

Não podia simplesmente abandonar meu sonho. No entanto, não tinha mais forças para continuar.

Sempre fui um garoto muito retraído no colégio; era obeso e sofria *bullying*. Recebia diversos apelidos, e tudo que fazia na minha vida era estudar para prestar o vestibular. Quando fui reprovado, fiquei muito mal e passei seis meses sem vontade de fazer mais nada.

Consegui passar para veterinária sem estudar, apenas com o conhecimento que tinha adquirido ao estudar para a primeira tentativa de medicina. Meu pai percebeu que eu não estava nada bem e falou: "Vá para a faculdade, esfrie a cabeça e depois a gente resolve o que fazer". Comecei o curso e encontrei ali alguns bons amigos em uma ótima turma. Assim como eu, alguns desses colegas ainda desejavam tentar medicina mais uma vez.

Estava tão traumatizado que decidi não tentar naquele ano. Prestei para odontologia, passei na primeira fase com uma boa colocação e me empolguei, porque sou competitivo demais. Aquela aprovação me deu a motivação que faltava. Terminei o semestre da faculdade de veterinária e fui para o cursinho preparatório para estudar para a segunda fase.

Não consegui passar na segunda fase, mas essa foi a única reprovação que me deixou feliz, pois saí da 160ª posição para a

91ª, e entravam oitenta candidatos. Depois de algumas desistências, chamaram até a 86ª posição, e faltou muito pouco para que eu conseguisse entrar. Todavia, hoje agradeço por não ter sido chamado, porque, se tivesse entrado para odontologia, talvez não tivesse me realizado profissionalmente, nem teria conhecido minha esposa se não estivesse no hospital em que trabalharia anos depois. Minha história teria sido completamente diferente.

Viver uma certa escassez foi extremamente positivo para mim. Isso me fez aprender que o dinheiro precisa ser respeitado e, por essa razão, não se deve ficar esnobando e gastando sem necessidade. Ao mesmo tempo, essa escassez me deu uma garra para conquistar tudo aquilo; não cabia a mais ninguém, dependia apenas do meu esforço. Meu pai dizia: "A única coisa que vou deixar de fato para você são os seus estudos, então faça o que quiser". O jovem que é de classe média baixa precisa estudar. Esse é o único caminho. Não há outra saída. Ele pode até sonhar em ser empresário ou jogador de futebol, mas sabe que isso é tão improvável quanto ganhar na loteria.

Depois que quase fui aprovado em odontologia, decidi: É agora! Então realmente comecei minha saga para entrar na faculdade de medicina, e ela duraria os próximos três anos. Fiz várias provas, em diversos lugares do Brasil: Paraíba, Maranhão, Recife, Fortaleza; aproveitava toda e qualquer oportunidade de ingressar na universidade pública. Resolvi largar a veterinária, fiz um novo vestibular e passei para o curso de computação. Fui até minha mãe e falei: "Não aguento mais!".

Minha mãe viu todo o meu empenho depois de todas as tentativas frustradas e falou: "Meu filho, faça o que você quiser agora. Não vou te cobrar mais".

O que eu imaginava ser um alívio se mostrou um enorme vazio. Por mais que a pressão fosse incômoda; quando ela baixou a guarda, eu pensei: nem ela está acreditando mais em mim.

Comecei o curso de computação e estudei durante seis meses. Ao fim do primeiro semestre, concluí: tenho de tentar uma última vez. Não estou feliz aqui.

Decidi fazer o vestibular para medicina novamente. A prova era para a faculdade da cidade de Sobral, no interior do Ceará. Tive um bom resultado e fiquei na 34ª posição. Aquilo me deixou muito confiante, pois sempre me saía muito bem na segunda fase. Todavia, o excesso de confiança me atrapalhou. Eu me comportei como aquele time de futebol que subestima um adversário mais fraco, não joga seriamente e acaba derrotado.

Fiz uma prova ruim e caí para a 41ª posição. Eram apenas quarenta vagas. Fiquei de fora!

A decepção foi imensa. Estava na casa de uma grande amiga quando descobri que fui reprovado, saí transtornado, entrei no carro e acelerei. Atravessei todos os sinais vermelhos dos cruzamentos em alta velocidade. Só parei quando bati na traseira do carro de um policial. Ele desceu com arma em punho ao achar que eu estava bêbado. Tentei explicar o que estava acontecendo, mas ele não acreditava.

A minha amiga e sua mãe chegaram ao local do acidente pouco tempo depois, porque tinham me seguido ao ver o quão transtornado eu estava ao sair de lá. Elas me ajudaram a conversar e resolver a situação com o policial, que queria até me prender.

Vivi uma nova maré de depressão. Não conseguia fazer mais nada. Engordei 15 kg e dormia ao lado do telefone, porque, como fiquei na 41ª posição, esperava ansioso uma desistência que me colocaria dentro das vagas e que me permitiria finalmente ingressar na faculdade de medicina.

Passei dias inteiros esperando alguma notícia, até que saiu o resultado do vestibular de Fortaleza, e o telefone tocou.

Já estava sem esperanças, mas recebi a notícia de que uma conhecida havia passado na faculdade em Fortaleza e desistiria da vaga que tinha conquistado em Sobral. Isso significava que tinha aberto uma vaga para mim. Não consegui conter tanta emoção. Saí chorando e gritando dentro do quarto dos meus pais, e eles ficaram sem entender nada. Quando contei o que tinha acontecido, não conseguiam acreditar. Ficamos todos em choque! Era tanta felicidade e adrenalina correndo em minhas veias que só fui capaz de me acalmar quando fomos até o campus e assinei a minha matrícula.

Ao entrar naquela universidade pela primeira vez, senti o prazer de ter um sonho realizado. Depois de tanto sacrifício e esforço, tinha alcançado meu objetivo. Agora era hora de viver uma nova fase e encarar desafios ainda maiores.

Eu me sentia a pessoa mais realizada do mundo!

Na época dos vestibulares, as escolas disputavam entre si para saber quem tinha os melhores estudantes, e existia toda uma rivalidade. Era um clima de tensão e animosidade que vivenciei intensamente. Porém, quando estava no meu primeiro ano do segundo grau, lembro-me bem de quando saía a lista dos aprovados em medicina. Todos na escola paravam para parabenizar os colegas que passavam em um vestibular tão difícil e concorrido. Aqueles alunos eram como heróis aos meus olhos. Sentia uma admiração muito forte por eles.

Uma pequena parte da minha turma vinha de famílias de médicos, e estar ali era "o esperado", mas, para a maioria de nós, estar naquela turma era uma vitória. Era como uma conquista semelhante a ganhar uma maratona. Eu me sentia como um atleta que disputou o Ironman e conseguiu completar a prova.

Aqueles que não vivem a escassez não têm a mesma percepção de valor.

Diferentemente da época em que entrei para medicina, hoje em dia a classe médica cresce muito mais rápido que a população. Vemos uma explosão na abertura de novas faculdades e universidades e, consequentemente, no número de profissionais.

Por esse motivo, pode ser que um ou outro leitor não consiga sentir como esse momento na época era recheado de ansiedade e muita emoção. A oferta de vagas era escassa, a disputa era acirradíssima e o ingresso na universidade era o primeiro gigante a ser derrubado.

Já no mundo universitário, a residência médica é o primeiro grande investimento da carreira de um recém-formado, porque o maior preço a se pagar é o "tempo", e muitos acabam falhando nessa etapa por não organizarem suas finanças. Muito médicos se opõem a fazer a residência, pois pensam apenas no que podem ganhar a curto prazo e deixam de investir para ganhar muito mais a longo prazo.

Durante a faculdade, o profissional tenta identificar o que vai fazer. No início, eu queria ser cirurgião cardíaco, mas logo vi que ainda não era aquilo. No quarto semestre, entrei na liga do trauma, que é um tipo de estágio em que o médico vai para a emergência e lida com todo tipo de situação.

AQUELES QUE NÃO VIVEM A ESCASSEZ NÃO TÊM A MESMA PERCEPÇÃO DE VALOR.

@DOUTORINVESTIMENTOS

Eu adorava! Por um bom tempo, pensei em fazer cirurgia, mas com o tempo não me identifiquei. Deixei essa ideia meio de lado e segui minha busca.

Quando chegou o momento da decisão, um grande amigo me convidou para fazer oftalmologia. Aceitei o convite e saí de Fortaleza para Recife.

No estágio, a gente andava muito pelo centro cirúrgico, e um anestesista bem influente que já havia me observado no centro cirúrgico me chamou para tomar um café. Aceitei e fiquei bem curioso sobre o que ele queria conversar comigo. Ele me olhou bem sério e falou:

"Não quero parecer invasivo, mas vou lhe dar só um exemplo e você entenda como quiser. Está vendo aquele médico ali? Sou o anestesista dele. Posso te garantir, não tenho o dinheiro que ele tem, mas eu escolhi ter algo que ele não tem: qualidade de vida! Ganho muito bem e posso estar no controle da minha vida. Paulo, você tem um bom amigo em uma boa área de atuação, tem bom relacionamento com todos por onde passa. Pense comigo: é melhor trabalhar para eles, ou trabalhar com eles?"

"Melhor trabalhar com eles", respondi.

"Para trabalhar com eles, você precisa ser oftalmologista ou anestesista?"

"Anestesista", respondi mais uma vez.

"O recado é esse. Agora faça o que você quiser com ele", concluiu.

Voltei para Fortaleza e iniciei minha jornada para me tornar anestesista.

A anestesia não precisa de uma pré-especialidade e leva apenas três anos de formação, por isso é chamada de direta. Já a cirurgia cardíaca, por exemplo, pode levar até seis anos.

Até desejei essa área no início da faculdade, mas desisti devido a esse tempo mais longo. Os seis anos da faculdade se transformariam em doze antes de eu entrar no mercado de trabalho, e eu já me achava velho, pois tinha entrado no curso com 22 anos. Perdi quatro anos tentando passar no vestibular. Terminaria a faculdade com 27 e entraria no mercado com 33. Costumamos brincar que na medicina existe muito "pai avô", pois muitos profissionais focam a carreira e postergam os planos de ter filhos e até de se casar. Decidi fazer uma especialização direta para trabalhar o mais rápido possível e resolver a minha vida.

Sempre digo que o caráter vem da criação, da família. Ser médico nada mais é do que cuidar de outras pessoas. Quando ainda dava plantão, era amado no hospital. Inclusive isso me deixava exausto, porque a maioria dos pacientes queria ser atendida por mim. Recebia quarenta pacientes, e o meu colega apenas cinco. Não entendia o porquê, até que um dia uma paciente falou: "Dr. Paulo, graças a Deus que é o senhor!", e a questionei: "Por quê?". Ela respondeu: "Porque o senhor escuta a gente e é conhecido no hospital por isso". Eu era amado simplesmente por ouvir as queixas dos pacientes com atenção e conversar com eles.

Para ser médico, é preciso ser humano. Não dá para ser médico e ficar em um pedestal.

Os pacientes, em sua maioria quase absoluta, precisam de conforto e acolhimento. O médico pode até ser tecnicamente inferior ao seu colega, mas, se ofertar um tratamento melhor ao paciente, logo será reconhecido e validado. Isso não se aprende na faculdade, vem do berço, da família e da sua própria personalidade.

Fiz anestesia por uma escolha estratégica de carreira, mas, se fosse trabalhar em uma área por paixão, provavelmente teria feito uma especialidade em que tivesse mais contato com o paciente. Há uma piada comum na medicina de que o anestesista é aquela pessoa que não gosta de conversar, porém sempre fui muito comunicativo. Felizmente, trabalho com anestesia oftalmológica, e uma parte significativa de meus pacientes fica consciente, por esse motivo eu converso bastante com eles para deixá-los mais calmos durante as cirurgias.

———

Eu me apaixonei por essa especialidade e consegui, com o tempo, conquistar boas equipes e estar no controle da minha vida. Hoje a minha rotina acontece, boa parte dos dias, em horário comercial, sem sobreavisos e sem plantão, pois anestesio apenas para oftalmologistas, e não existe nenhum hospital com cirurgia oftalmológica de urgência. Essa estratégia de liberdade pode não ser o desejo de muitos, mas era um grande desejo meu, que só foi possível pois conheci aquele colega anestesista que, de forma generosa e quase "intrometida", me deu um excelente conselho.

Hoje, estou dentro de um serviço bem organizado e muito específico. Tomei uma decisão de negócios pensando e agindo de maneira racional. Se fosse passional, nunca teria levado tão a sério o que aquele anestesista me disse em um café de vinte minutos que mudou minha vida.

Afinal, por que estou fazendo tudo isso? Porque penso em todo o investimento que minha família fez por mim para que meus sonhos se realizassem, porque ficou na minha memória aquele senhor de 74 anos ainda em plantões exaustivos, e devido à minha própria vocação, que exige que eu esteja de bem com a vida ao lidar com meus pacientes, tratá-los com eficiência, humanidade e gentileza.

Graças a tudo isso que mencionei, fico atento às oportunidades, conduzo minha vida de maneira estratégica, tenho meus seguros, mantenho carteiras de investimentos, inclusive uma exclusiva para a universidade das minhas filhas, e me cuido para não precisar perder a qualidade de vida que conquistei.

Consciente de que sou um profissional 100% liberal, só ganho em cima do que sou capaz de produzir. E se eu vier a faltar? Como fica a minha família?

Não fosse aquele primeiro insight com meu colega, talvez eu nunca tivesse me preparado e você não estaria lendo este livro, que é a minha forma de ajudar tantos outros colegas que ainda não tiveram a oportunidade de encontrar as motivações para conquistar o equilíbrio de sua vida financeira.

Evitemos nos enganar, mas em toda profissão existe uma bolha que, se não estivermos atentos, nos aprisiona por tanto tempo que nos faz pensar que somos a própria bolha, e não que estamos dentro dela e podemos sair se assim quisermos!

QUANTO VALE A SUA HORA?

Meu nome é Karlos Ítalo, sou médico oftalmologista e subespecialista em retina clínica e cirúrgica. Sou cirurgião e atuo na área de cirurgia de retina e catarata.

Conheci o Paulo há muitos anos, ainda na faculdade. Nós ingressamos juntos no curso de medicina e costumávamos estudar juntos para as provas. Também saíamos bastante nos fins de semana e assim criamos uma boa amizade. Ele não tinha família em Sobral, enquanto eu sou natural de lá e morava com meus pais. Como não conhecia ninguém na cidade, Paulo foi acolhido na minha casa, que virou seu ponto de referência.

Minha família lhe deu muito suporte, e isso nos aproximou bastante. Minha mãe e meus irmãos gostavam muito dele. Ao longo dos seis anos da faculdade, construímos uma ótima relação, que se mantém até hoje.

Seguimos caminhos diferentes na residência médica. Decidi cursar oftalmologia depois de ser influenciado pelo Paulo, pois não sabia muito bem qual especialização escolher. Ele tinha alguns amigos oftalmologistas e veio até mim com essa proposta. Mais tarde, ele próprio desistiu da ideia para estudar anestesia, enquanto eu continuei. Isso nos separou por um tempo. Logo depois, fui embora para Ribeirão Preto, enquanto ele permaneceu em Fortaleza.

Quando retornei, um tempo depois, Paulo estava trabalhando com outros oftalmologistas e coincidentemente um deles era o meu chefe. Fui convidado a trabalhar com eles, e organizamos nossos horários para que o Paulo fizesse a anestesia das minhas cirurgias. Assim nos reencontramos e mantivemos essa parceria, que durou vários anos.

Além do trabalho, vivemos bons momentos juntos de lazer, em festas, viagens e no futebol do final de semana. Entretanto, hoje estamos um pouco mais afastados devido ao momento de vida. Paulo se casou, teve duas filhas e, naturalmente, passou a se dedicar mais à sua família.

Percebo desde a faculdade que o Paulo tem um foco enorme no seu objetivo de "dar certo na vida" e oferecer o melhor para os seus.

Ele juntou uma boa profissão com outros projetos empreendedores, pois entendeu que precisava focar não apenas a área médica. Ele sempre se interessou pelo ramo de investimentos e tinha um forte desejo de se preparar para o futuro.

Paulo é mais que um colega, é um amigo por quem tenho muita admiração. Ele nunca perdeu o foco, não precisou ser desonesto ou prejudicar ninguém para ter sucesso, sempre priorizou sua família e assim obteve grandes resultados.

Um verdadeiro homem de valor que foi retribuído.

Karlos Ítalo Souza Viana

ÀS VEZES, O IMPOSSÍVEL SÓ É IMPOSSÍVEL PORQUE AS PESSOAS NEM TENTAM.

@DOUTORINVESTIMENTOS

CAPÍTULO 2

SAIA DA BOLHA EPIDEMIOLÓGICA E RESPIRE

A visão de mundo e a mentalidade sistêmica do universo da saúde

> "*O maior erro que um homem pode cometer é sacrificar a sua saúde a qualquer outra vantagem.*"
> ARTHUR SCHOPENHAUER

A formação de um médico leva de oito a doze anos se considerarmos a graduação e a residência médica. Durante todo esse tempo, ele não recebe nada na faculdade e é mal remunerado com uma bolsa durante a especialização. Recém-formado, ele recorre aos inúmeros plantões para elevar seu padrão de vida, e isso prejudica até o futuro de sua carreira. Na maioria das vezes, o médico nos primeiros anos de profissão começa a se endividar e não volta mais para a residência médica, porque tem tantas contas para pagar que precisa trabalhar muito, e não sobra mais tempo para estudar.

Pelo menos em alguma fase da vida, quase todos os médicos confundem a moeda do Brasil, que é o real, com os plantões.

Como isso acontece? Geralmente, a pessoa acaba namorando durante o período da faculdade e, ao terminá-la, logo decide casar-se. Às vezes, há uma pressão familiar e do próprio parceiro. Antes de se estruturar completamente, decide comprar um apartamento financiado. Para pagar a parcela, serão necessários oito plantões. Para financiar um carro, mais três plantões. Depois pode vir uma gravidez ou uma casa de praia, e o número de plantões para pagar tudo isso só aumenta. Esse é o cenário mais comum.

A partir de um dado momento, o médico percebe que as contas não estão mais dando certo e que precisaria de oitenta plantões, mas só seria "teoricamente possível" dar sessenta plantões por mês. Aqui começa a se formar uma imensa bola de neve, e a pessoa vira escrava da própria profissão.

Boa parte dos médicos, por mais que se especialize, ainda permanece ancorada na possibilidade e na falsa segurança de ter sempre um plantão como um subterfúgio para melhorar sua renda e pagar contas.

Agir e pensar dessa forma faz com que muitos colegas médicos caiam, sem perceber, em uma grande armadilha e, infelizmente, se tornem reféns, antes de tudo, de si mesmos.

Presos à ideia de dar plantão para pagar dívidas, sem pensar no futuro, esquecendo-se de cuidar de sua própria segurança e sem pensar na família, é comum que acabem imersos em um ciclo vicioso que os envolve em inúmeros plantões por mês para pagarem contas que os tornam cada vez mais dependentes desse sistema.

O colega médico acaba se endividando, muitas vezes sem necessidade, com empréstimos e financiamentos. Em vez de estar em um ciclo virtuoso de ganhar juros compostos, entra em um ciclo vicioso de pagar juros, porque sabe que vai ter o plantão para salvá-lo.

Esta é a zona de conforto do médico: como tem um plantão sempre à sua disposição, ele fica confiante e acha que nada vai dar errado.

Mas será que as coisas realmente funcionam assim? Já se questionou sobre o que significa "dar certo" e "dar errado" para você? Dar certo ou errado não poderia se resumir a uma rotina, no mínimo, insustentável e sem um propósito maior.

Inserido nessa bolha, o médico vai se cansando dessa rotina desgastante e se dá conta de que está perdendo o seu tempo, seu bem mais precioso. Começa a perceber que está cada vez menos com sua família, passa a ter problemas de relacionamento com seu cônjuge e com seus filhos, até chegar o momento em que não consegue mais trabalhar em paz, pois já se distanciou muito da sua essência, do seu propósito e daqueles que mais ama.

Para escapar da corrida dos ratos, é preciso saber que a educação, a formação e a especialização são mais importantes do que qualquer dinheiro, pois é com essa ferramenta do conhecimento que o médico conseguirá alcançar ganhos maiores.

Além disso, fazer do plantão a sua segurança é um grande erro, pois, ao longo do tempo, todo médico percebe que a escala fixa de plantão é uma verdadeira jaula.

Quando era concursado no hospital de Caucaia (CE), meus plantões eram de 24 horas aos domingos, a cada quinze dias. Cedo ou tarde, perderia um Dia das Mães, um Dia dos Pais, eventualmente um Natal, um réveillon ou algum feriado prolongado que poderia aproveitar com minha família. Isso era muito ruim, porque me sentia preso.

Nessas situações, o profissional tenta se livrar desse plantão, mas é raro algum colega assumir a tarefa. Muitos médicos tentam negociar com os colegas para trocarem as datas da escala em troca de favores ou até mesmo com compensação financeira. Isso significa que, para escapar de uma escala indesejada, você vai ter algum tipo de prejuízo, seja emocional ou financeiro.

Acredito que a principal bolha do médico que está nesse ciclo vicioso se concentra neste ponto: confiar no poder do plantão e fazer dele seu manto de coragem para agir de maneira financeiramente desorganizada.

Assim, fica à mercê da sorte porque está sempre endividado, com as contas no vermelho e esperando que não aconteça nenhum mínimo imprevisto, pois não terá mais de onde tirar recursos para resolvê-lo. A vida tranquila e bem-sucedida que sempre desejou parece ter sido apenas uma ilusão, porque no fundo o médico sabe que está preso nessa bolha e sente que dificilmente terá condições para mudar essa realidade. Infelizmente, essa é a rotina mais comum entre os profissionais da medicina.

Sempre que acontece algum "sufoco" financeiro, ele corre para dar um plantão extra e fechar a conta do seu orçamento, que já estourou o teto de gastos. Por mais incrível que pareça, para quem não conhece a realidade da classe médica, esse é o dia a dia.

Segundo o imaginário coletivo, todo médico é rico, porém isso não é verdade, na maioria das vezes. É possível ganhar muito dinheiro na medicina, mas esse fato faz com que muitos profissionais se acomodem, a ponto de não controlarem suas finanças ou terem um bom planejamento. Por estarem endividados, qualquer problema que surgir pode tirar o sono e a tranquilidade.

Esse cenário é extremamente comum. Mas existe solução.

Quando um médico assume um padrão de vida que não consegue suportar, ao tomar consciência disso, será necessário equilibrar o orçamento, aumentar a capacidade de gerar receita e organizar as finanças. Parece simples, mas, quando se está endividado e comprometido com escalas, isso se torna um enorme desafio.

Por esse motivo, digo insistentemente em todas as oportunidades que eu tenho: não se endivide sem necessidade. Não há outra saída, o médico tem de se educar e se planejar.

Primeiramente, deve vencer suas dívidas e melhorar seu faturamento de alguma forma para começar a gerar um fluxo poupador de dinheiro.

O autopagamento é o elemento-chave para conquistar liberdade e independência financeira.

A mentalidade precisa dessa organização, daí nascerá um bom planejamento para superar esse cenário. Uma pessoa que começa com vários problemas financeiros se torna um caso bem mais difícil de resolver. Investimentos, proteções e carteiras no exterior fazem parte do projeto, mas nada disso funciona se não houver educação e planejamento desde a base.

Essa falta de educação e planejamento é o que faz um médico experiente aceitar um plantão que o paga para passar doze horas no hospital, de madrugada, aos finais de semana e feriados.

Com a "certeza" do acesso a esse recurso sempre que quiser, a corrida dos ratos ganha adeptos todos os dias. A sensação de ter dinheiro para resolver qualquer problema que lhe apareça é um anseio de muitos profissionais, e este se torna o maior desafio de quem quer se libertar dessa bolha epidemiológica: o medo de não conseguir.

Mesmo que seja claro que esse dinheiro será às custas de tempo com sua família e muitos outros sacrifícios — por exemplo, não acompanhar o crescimento de seus filhos —, a maioria dos profissionais ignora esses fatos, pois o importante é pagar as contas no final do mês. Porém, esse cenário muda, piora, alguns anos depois, quando o médico fica esgotado física e mentalmente.

Uma pesquisa realizada em 2022[3] sobre a saúde mental do médico revelou que 62% dos médicos já apresentaram sinais de *burnout*. Pegando esse dado específico como base histórica, fica a reflexão para todos os tempos vindouros: essa realidade vai melhorar ou piorar?

O profissional que está dentro da bolha normalmente está endividado, se encontra perdido e aprisionado na corrida dos ratos e sabe que não consegue sustentar essa desgastante rotina. Se você estiver passando por isso, parar para respirar não é uma questão de escolha, é uma questão de sobrevivência.

Mas existe um caminho para construir uma base sólida nas suas finanças pessoais e utilizar os investimentos como instrumento para alcançar seus maiores projetos de vida,

---

[3] Sete em cada 10 médicos brasileiros já apresentaram sinais de depressão. *Revista Galileu*, 24 nov. 2023. Disponível em: <https://revistagalileu.globo.com/sociedade/comportamento/noticia/2022/11/7- em-cada-10-medicos-brasileiros-ja-apresentaram-sinais-de-depressao.ghtml>. Acesso em: 04 out. 2023.

O AUTOPAGAMENTO É O ELEMENTO-CHAVE PARA CONQUISTAR LIBERDADE E INDEPENDÊNCIA FINANCEIRA.

@DOUTORINVESTIMENTOS

identificando e eliminando as várias cascas de banana que o impedem de chegar lá. O objetivo dos investimentos sempre será transformar números em anos de vida, ter a vida que você sempre sonhou com a tranquilidade, a liberdade e a independência financeira que você tanto batalhou na intenção de conquistar. Existe um mundo fora da bolha, e eu vou te ajudar a enxergá-lo e alcançá-lo.

O profissional que age de maneira estratégica no começo de carreira, quando está em sua atividade laboral máxima, consegue transformar o plantão em uma ótima ferramenta para potencializar sua capacidade de poupança.

Suponha uma remuneração de 2,6 mil por plantão e um médico que faça um plantão por semana, o que considero saudável. Se o colega utilizasse essa renda como investimento, em vez de usá-la para pagar dívidas e juros de financiamento, conseguiria poupar 10,4 mil por mês. Veja o que aconteceria se ele investisse esse valor em instrumentos conservadores, que rendem em média 1% ao mês, com base no cenário econômico de 2023.

Plantões por mês	R$ 10.400,00
Rentabilidade por mês	1%
Montante no primeiro ano	R$ 131.898,03
Montante no sexto ano	R$ 1.088.983,28

Em seis anos, ele teria um montante acumulado de mais de um milhão de reais! E digo mais: mesmo que ele parasse de dar plantões a partir do sexto ano, o valor acumulado continuaria a gerar renda extra enquanto ele viaja ou almoça com a família! Quer saber algo que é ainda mais interessante?

Desse valor acumulado, o médico efetivamente trabalhou para acumular cerca de 748 mil, pois os 340 mil restantes foram os juros compostos que trabalharam em seu lugar!

Montante acumulado	R$ 1.088.983,28
O que trabalhei para acumular (valor investido)	R$ 748.800,00
O que os juros compostos trabalharam para acumular para mim	R$ 340.183,28

Em vez de você pagar esse valor para o banco quando decide fazer um financiamento, você pode colocar o dinheiro para trabalhar para você por meio de investimentos.

Estou trazendo essa visão para você entender que o plantão não é o vilão, mas sim as motivações por trás dessa opção de trabalho. Majoritariamente, os médicos não têm a consciência de utilizar o plantão como uma ferramenta positiva; pelo contrário, enxergam o plantão como colete salva-vidas quando começam a se afundar em dívidas.

Em vez de usar o plantão como um foguete que o levará até as estrelas, o médico usa o plantão como um colete salva-vidas que o impede de se afogar. Consegue perceber o quão diferentes essas duas mentalidades são? Os resultados, consequentemente, também serão bem diferentes!

"SE ME FOSSE POSSÍVEL, ESCREVERIA A PALAVRA SEGURO NO UMBRAL DE CADA PORTA, NA FRONTE DE CADA HOMEM, TÃO CONVENCIDO ESTOU DE QUE O SEGURO PODE, MEDIANTE UM DESEMBOLSO MÓDICO, LIVRAR AS FAMÍLIAS DE CATÁSTROFES IRREPARÁVEIS."

WINSTON CHURCHILL

Vou demonstrar outro exemplo de uso de plantão como ferramenta estratégica: quando ainda era solteiro, estava na residência, e houve um mês em que cheguei a dar 27 plantões noturnos. Fiquei exausto e muito estressado. Dos trinta dias daquele mês, dormi 27 fora de casa para trabalhar e fiquei acordado durante todas as noites. Essa foi a loucura que fiz quando queria juntar dinheiro para me casar. Por mais desgastante que tivesse sido, consegui alcançar o objetivo de pagar o casamento e fazer uma reserva financeira.

Ter uma boa motivação me fez encarar aquele período de uma maneira mais consciente. É como se você estivesse em uma corrida. Por mais exaustiva que ela pareça, quando você avista a linha de chegada, as suas forças aumentam e você continua!

Agora imagine a seguinte situação: o profissional afundado em dívidas, trabalhando exaustivamente, sem ter a menor ideia de onde fica a linha de chegada e com um grupo de credores atrás dele.

É muito triste viver assim. Acontece que ninguém te alertou sobre isso na faculdade de medicina, muito menos te disse que seria preciso ter uma estratégia para utilizar o plantão como uma boa ferramenta.

Quando o médico conquista a organização financeira, ele entende que o mais importante é trocar cada vez menos o seu tempo por dinheiro. A relação de trabalho de todos nós sempre é esta: você troca seu tempo por dinheiro. O colega vai dar um plantão e gasta doze horas da sua vida para ser remunerado por isso. A grande sacada aqui é descobrir possibilidades de diminuir essa troca e continuar ganhando dinheiro.

Este é o grande segredo do mundo: existe um período na vida em que você sempre trocará o seu tempo por dinheiro, mas, em algum momento, você precisará diminuir o ritmo e equilibrar essa relação para ter mais tempo de qualidade com seus filhos, sua família e para ter tempo para pensar em outros objetivos.

Gosto muito da seguinte frase de Wesley D'Amico: "Quem trabalha não tem tempo para ganhar dinheiro". É uma daquelas verdades cruéis. O profissional que está sufocado em alguma atividade não terá tempo nem disposição para se dedicar a mais nada.

> **O caminho é pagar as dívidas e desenvolver a capacidade de poupança para alcançar o crescimento. Depois, poderá se proteger e partir para os investimentos. Essa é a sequência de sucesso.**

Era 10 de fevereiro de 2011 e eu saía de um plantão diretamente para outro hospital, onde era residente. No meio do trajeto, a morte passou bem perto dos meus olhos. Meu carro entrou debaixo de um ônibus em um acidente de trânsito horrível, de modo que alguns colegas se surpreenderiam ao me ver vivo para contar essa história.

No acidente, eu fraturei o quadril, o nariz, machuquei o braço e tive algumas outras escoriações. Deveria ter passado seis meses afastado do trabalho para me recuperar completamente.

Na época, eu ainda não era casado, não tinha filhos, era concursado e ainda morava com meus pais. Por esses motivos, do ponto de vista financeiro, o acidente não me causou grandes problemas. Porém, se esse episódio tivesse acontecido atualmente e se eu estivesse sem nenhum tipo de proteção, de reserva financeira, ou estivesse endividado, com vários financiamentos para pagar, imagine como minha vida teria automaticamente se tornado um caos! Teria um grande problema que certamente me acompanharia por longos anos.

Acontece que esse acidente transformou a maneira como eu enxergava o mundo. A luz que não me matou iluminou o meu pensamento! Sou um profissional liberal e dependo do meu corpo e da minha saúde para trabalhar.

Antes de qualquer coisa, é preciso se proteger.

Troquei meu antigo carro por um veículo mais alto e estável. Em seguida, fiz meu primeiro SERIT, que é um seguro por invalidez temporária. Se estivesse assegurado quando o acidente aconteceu, poderia ter passado o período de recuperação em repouso na minha casa, porque teria um salário que garantiria pelo menos os meus custos essenciais.

Esse acidente foi meu terceiro grande insight na vida. Entendi que precisaria de proteções financeiras. Quando um imprevisto acontecesse, precisaria já estar preparado. Hoje eu tenho seguros para praticamente tudo. Costumo dizer que meu maior custo fixo anual hoje são as minhas proteções, enquanto vários colegas, principalmente médicos, acham isso desperdício de dinheiro. Para mim é fundamental, pois já vivi uma situação extrema na pele.

Quando comecei a investir, não tinha nenhum tipo de proteção, mas o acidente foi um divisor de águas. O melhor caminho é fazer as proteções primeiro, para depois começar a investir, mas, como a maioria das pessoas que inicia no mundo dos investimentos, eu não comecei pelo melhor caminho.

Destinar o seu dinheiro para essa finalidade é saber que ele voltará para você caso precise utilizar, diante de alguma adversidade.

Sair da bolha e conseguir respirar significa ter a liberdade para escolher se vai viver de plantão, se vai atender um paciente particular ou por convênio, se vai ficar com a família ou vai para o hospital ganhar algum dinheiro.

Sair da bolha é conseguir o mínimo de organização e planejamento financeiro para escolher se o plantão será sua ferramenta ou sua prisão.

Tem dinheiro que não vale a pena.

Quando ainda dava plantões de 24 horas aos domingos, sempre dizia para minha esposa, que ainda era namorada, que estava cansado e aquele era um dinheiro que não valia a pena. Como era concursado e residente, não tinha como aumentar meus ganhos, então aquela era a realidade que precisava enfrentar, mas eu sabia que não seria eterna. Foram longos meses até que finalizei a residência, e imediatamente fui à prefeitura e pedi a minha exoneração. Para sair da segurança de um concurso, é preciso ter coragem!

Da mesma forma, quando já era anestesista, tinha uma escala de plantão considerada bem tranquila. Basicamente eu ficava à disposição e doava meu tempo para o hospital. Por várias noites, eu nem sequer fui acionado, aproveitava o tempo para estudar. Quando decidi sair dessa escala, ela não ficou trinta minutos disponível antes que outro médico a assumisse. Mas tive a coragem de abandonar um plantão excelente para buscar o meu bem-estar.

Mulheres geralmente são mais resistentes a esse tipo de atitude, pois gostam de emprego com carteira assinada, devido a benefícios como a licença-maternidade. Minha esposa também largou o concurso que ela tinha na UPA, ainda no começo de sua carreira, quando estava grávida da nossa primeira filha. As pessoas diziam que ela era louca, que iria perder a remu-

TEM DINHEIRO QUE NÃO VALE A PENA.

@DOUTORINVESTIMENTOS

neração a que teria direito, mas ela dizia: "Prefiro sair, porque terei mais qualidade de vida em minha gestação e conseguirei ganhar mais. Vou investir mais tempo no meu consultório".

Essa é a coragem que falta na maioria dos médicos. Eles têm medo de abandonar a estabilidade para arriscar em um movimento de carreira que lhe trará muito mais sucesso a longo prazo.

Largar um concurso para investir no seu consultório é o que a maioria dos médicos considera como "trocar o certo pelo duvidoso". O concurso é considerado seguro. Qual anestesista deixaria de ter o seu ganho fixo do plantão para viver só de cirurgias eletivas e depender do cirurgião? Porém, existe um preço a se pagar por essa segurança do ganho fixo, pois, às vezes, trabalhando numa cirurgia eletiva, conseguiria ganhar em uma hora o dobro do que ganharia em doze horas de plantão.

Às vezes, o impossível só é impossível porque as pessoas nem tentam.

No começo, tive de fazer muitas cirurgias pelo SUS a custo perdido, pois o governo demora até um ano para pagar. Além disso, passei muito tempo trabalhando com colegas que tinham acabado de sair da residência, coisa que muito anestesista não tem paciência de fazer, pois já procuram os medalhões, mas se esquecem de que, em alguns anos, o iniciante pode se tornar um grande nome do mercado, além de ter um longo ciclo de desenvolvimento produtivo pela frente.

Perceba que eu sempre gostei de investir, tanto em empresas como em pessoas.

Meu plano foi arriscar ganhar menos no início e apostar no ciclo natural de cada cirurgião que trabalhava ao meu lado. Cresci com eles, e hoje só tenho um parceiro que é mais velho que eu. Todos os outros são mais novos ou têm a mesma idade que a minha. Tudo é uma questão de estratégia. São muitos detalhes, é preciso estar atento para perceber.

Já é possível perceber que eu acredito que o bem mais importante que existe se chama tempo.

A partir do momento que saí da amarra do concurso público, que me consumia muito mais do que me remunerava, fiquei tão bem que até rejuvenesci. A minha qualidade de vida hoje é maravilhosa.

Esse era o meu objetivo, e, para alcançá-lo, precisei de dois passos:

- Não podia me endividar!
- Não podia criar muitas contas fixas, para não depender mais dos plantões.

Com isso, percebi que não podia me prender materialmente a nada. Hoje eu moro de aluguel e tenho um carro comum, pois tudo que é desnecessário é gasto.

Minha esposa e eu somos muito desapegados de bens materiais. A matéria é para se usar, são apenas meios e jamais serão fins. Tenho um carro para me locomover, e não para exibir para outras pessoas. Meu celular é antigo, porque ainda funciona, e não vejo nenhuma necessidade de comprar um novo. Não preciso andar com um relógio caríssimo por aí. A verdade é que qualquer coisa que diminua a minha liberdade e meu tempo com a minha família não me serve.

Atualmente, sou pós-graduado em dor clínica pelo Albert Einstein e curso um *fellowship* em dor intervencionista na USP de Ribeirão Preto; continuo meus estudos apenas para aprender e para ter outra ferramenta profissional. Nem sei se vou usar isso algum dia, mas posso fazer porque tenho tempo disponível. Também sou sócio da Aplix porque gosto muito e posso me dedicar. Ter disponibilidade é tão precioso que me permite receber clientes, fazer um outro curso e ter todos os finais de semana para fazer o que quiser.

Administrar o seu tempo para escolher o que você quer fazer é uma liberdade que não tem preço.

Algumas pessoas vêm até mim e falam que eu poderia ganhar mais. É verdade, poderia. Mas o que ganho hoje já é o suficiente para manter um padrão de vida de que gosto e é o bastante para continuar a abastecer a minha carteira de investimentos.

Outros afirmam ainda que eu poderia chegar ao meu objetivo em menos tempo. Também é verdade. Porém, preciso aproveitar a minha vida e desfrutar do lucro do meu trabalho. Se morrer amanhã, de que adiantou tudo isso?

Não sou daqueles que dizem: "Não vou poupar, porque vou morrer". Tento ser ponderado entre os dois extremos. Defendo que a pessoa pode ter uma excelente qualidade de vida e, mesmo assim, montar uma carteira de investimentos. Não vejo sentido em trabalhar exaustivamente para ter dez milhões de reais na conta e, ao chegar em casa, o seu filho correr para a mãe chorando, porque não sabe quem é você. O pai é um estranho porque nunca está em casa e vive para trabalhar. Por isso, insisto em dizer: dinheiro que o leva a viver em uma bolha não vale a pena.

Ainda troco meu tempo por dinheiro, mas já tenho a liberdade financeira que me dá o direito de escolher. Não sou independente financeiramente, porque isso é um processo em curso. Tenho de acumular os meus capitais para que, daqui a quinze ou vinte anos, possa diminuir meu ritmo de trabalho. Com 60 anos quero ter a condição de decidir me aposentar ou trabalhar por prazer, e não por obrigação.

Por muito tempo, o médico foi visto apenas pela ótica do juramento de Hipócrates. As pessoas compreenderam esse juramento de maneira tão literal a ponto de acharem que a medicina é um sacerdócio. O médico teria, em tese, de se doar ao máximo e renunciar à sua vida para exercer essa profissão. Como se médico não fosse um ser humano com família, desejos e necessidades. Não existe profissão sem remuneração.

O profissional deve usar a racionalidade e montar uma estratégia dentro da sua carreira. Ele não pode trabalhar só por paixão, mas deve associar esse sentimento à sua razão e usá-lo a seu favor.

Não podemos jamais ver a razão como algo ruim. Muitos se preocupam com a opinião de colegas ou professores quando estão prestes a tomar decisões que os levem a um caminho puramente racional. Se nós, profissionais, olharmos muito para os lados, não conseguiremos focar aquilo que está à nossa frente e, se perdermos muito tempo ao nos distrairmos com o que está ao nosso redor, logo estaremos fadados ao fracasso.

Considere esta uma dica de um amigo que já passou por isso e pode lhe garantir os benefícios: experimente sair da bolha epidemiológica e respirar. Sua vida mudará por completo, pode apostar.

ADMINISTRAR O SEU TEMPO PARA ESCOLHER O QUE VOCÊ QUER FAZER É UMA LIBERDADE QUE NÃO TEM PREÇO.

@DOUTORINVESTIMENTOS

Minha esposa terminou a faculdade e já abriu um consultório particular. Ela teve coragem de fazer isso. Quase ninguém tem essa coragem, porque as pessoas sempre pensam: Quem que vai querer me pagar uma consulta particular? A maioria dos médicos tem a visão de que precisa ser reconhecida em um convênio, para depois entrar para o ramo particular. Mas isso não é verdade!

Quando o médico começa a atender por convênio, ele precisa compensar o baixo valor pago pelos planos com um alto volume de atendimentos. Como é que o profissional irá fazer um excelente atendimento com os olhos vidrados no tempo da consulta? Por outro lado, qual é a qualidade do serviço que o profissional entrega atendendo o máximo de pacientes que conseguir para compensar no volume?

Em qualquer negócio, existem duas formas de se ganhar dinheiro:

- ou se ganha na margem;
- ou se ganha no giro.

Quando o ganho acontece na margem, significa que é possível agregar valor ao produto. Dessa forma, há como cobrar um valor alto para fazer aquilo bem-feito, e, automaticamente, o médico atende menos e cobra mais.

A segunda opção é ganhar no giro, quando você aceita ser remunerado por um valor baixo e, por isso, precisa compensar a receita por meio de um aumento no volume. Muitos colegas acreditam que o plano de saúde pode ajudá-los a ser reconhecidos no mercado para, no futuro, conseguirem migrar para os atendimentos particulares, porém, com a clientela formada, fica bem mais difícil essa transição.

───────

Normalmente, as pessoas me veem como um estrategista. Na verdade, nem me considero nessa posição. Apenas me vejo como alguém extremamente racional e não penso passionalmente. Tenho paixão pelas minhas filhas e pela minha esposa, mas não tomo decisões emocionais quando se trata de trabalho ou bens materiais. Na relação de negócios, sou completamente movido pela razão. Posso até amar uma ideia, mas, quando não vejo um futuro naquilo, deixo de amá-la rapidamente.

Recebo duas perguntas de médicos recém-formados constantemente nas redes sociais. A primeira delas é: "Paulo, estou terminando a faculdade. Qual área devo escolher para fazer minha residência médica?". Geralmente, essa pessoa me mostra três especialidades e deseja ter a minha opinião sobre cada uma delas. Respondo de acordo com a minha visão de negócios e com base no que observo sobre a carreira médica.

A segunda pergunta que me fazem com frequência é: "Paulo, terminei a faculdade. Faço a residência médica, ou vou trabalhar?", ao que costumo responder com: "Depende". Se o médico não tiver condições de se manter, deverá começar a trabalhar, mas sem perder o foco do objetivo principal, que é preparar o alicerce que lhe permitirá alavancar sua carreira. Esse alicerce é sua especialização, é a residência.

A base para o sucesso é o conhecimento.

Se o profissional não se especializar, só terá dois caminhos a seguir na medicina. O primeiro deles é trabalhar em um posto de saúde em um programa como "Mais Médicos" ou "PSF" (Programa Saúde da Família), no qual receberá um salário fixo e preencherá determinada carga horária. A segunda opção é dar plantões em UPAs ou em emergência de hospitais. Há profissionais que até conciliam essas duas opções: trabalham em uma UPA ou PSF durante o período matutino e pegam plantão no período noturno para aumentar sua renda.

Ao entrar nessa rotina intensa de trabalho, o médico recém--formado tem um salto significativo nos seus ganhos e no seu padrão de vida. Logo, costuma querer comprar tudo aquilo com que sempre sonhou e que acha merecer naquele momento.

É nesse contexto que ele se endivida com vários financiamentos e fica com inúmeras prestações fixas por mês, que comprometem boa parte da sua renda ou até a comprometem por inteiro.

Diante desse cenário, ele olha para sua residência médica e já a enxerga como algo muito distante. Afinal, como vai lidar com suas finanças se ganhar a bolsa de residente, visto que as prestações que assumiu são, muitas das vezes, cinco vezes maiores que o valor pago pela bolsa?

Como vai pagar essas contas? A partir desse momento, ele desiste de se especializar, perde uma enorme oportunidade de investir na sua carreira e de aumentar sua renda no futuro e passa a viver naquele mundo de plantão, porque sabe que ali pode ganhar algum dinheiro de forma rápida.

Por isso, algo que sempre digo é: evite a bolha epidemiológica!

QUANTO VALE A SUA HORA?

Meu nome é Clarissa Aguiar, sou médica, fascinada pela medicina integrativa e preventiva e trabalho muito mais com a prevenção das doenças do que com o tratamento delas. Sou empresária e tenho uma clínica multidisciplinar, com diversos tipos de profissionais. Sou casada com o Paulo e temos duas filhas, chamadas Sara e Leticia.

Conheci Paulo no hospital em que trabalhávamos. Eu era estagiária, enquanto ele era médico plantonista e vivia de seus plantões. Começamos a namorar, e, com menos de um mês, ele sofreu o acidente de carro. Durante sua recuperação, precisou ficar afastado do trabalho, e seu mundo caiu. Foi nesse momento que ele despertou para cuidar melhor da vida financeira e começou a investir seu dinheiro.

Nesse período, Paulo ficou muito nervoso, porque tinha várias contas a pagar, e sua renda diminuiu bastante. Ele recebeu a orientação médica de ficar dois meses sem colocar o pé no chão, devido à fratura no quadril, mas não pôde respeitar isso, visto que precisava trabalhar. Como era estudante de medicina, eu me prontifiquei a ajudá-lo nos plantões. Ele ficava sentado em uma cadeira, enquanto eu examinava os pacientes, preenchia os prontuários e fazia toda a parte prática que ele não podia fazer. Paulo ia todos os dias para o hospital de muletas, com muita dificuldade, e aquela situação o motivou a repensar seu futuro.

Vivemos uma rotina intensa com apenas um mês de namoro. Eu dirigia por toda a cidade e o levava a todo lugar que ele precisasse. Fomos muito parceiros e me dediquei muito. Não foi à toa que o homem se apaixonou por mim! Quatro meses depois, Paulo recebeu alta, e minha mãe fez um jantar para comemorar o fim de sua recuperação. Nessa noite, ele surpreendeu a todos e me pediu em casamento.

Depois de passar por todo esse problema, Paulo percebeu que havia uma enorme desorganização financeira que precisava ser resolvida. Ele sempre teve de pagar cheque especial e alguns financiamentos, mas aquilo tinha de mudar.

Quando entrou no mundo dos investimentos, ele abriu sua cabeça para uma nova forma de viver e conduzir seu dinheiro e carreira. Todo esse seu aprendizado também me fez abrir os olhos, e ele me direcionou bastante a lidar com minhas próprias finanças.

Nós crescemos juntos enquanto profissionais, e isso foi excelente para nosso casamento. Decidimos não assumir dívidas ou financiamentos. Não trocamos de carro, não compramos apartamento, e fomos morar de aluguel, para economizar dinheiro. Essa decisão foi na contramão do que todos os nossos amigos recém-casados estavam fazendo, mas nos permitiu viajar e aproveitar muitos momentos maravilhosos a dois nos nossos primeiros anos de casados. Pudemos ter paz e tranquilidade com uma boa reserva para investir e utilizar em alguma emergência, sem precisar viver preocupados com contas a pagar.

Resolvemos diminuir a quantidade de plantões e começamos a nos preparar. Após concluir minha pós-graduação, Paulo me incentivou a abrir meu consultório e estudar para me aperfeiçoar enquanto ainda conciliava a formação com o trabalho no hospital. Quando a clínica cresceu e passei a ter muitos pacientes, comecei a me dedicar somente a isso. Pouco tempo depois, engravidei. Aos cinco meses de gestação, ele estava em um plantão e viu um colega sair correndo do centro cirúrgico porque sua esposa estava em trabalho de parto. Aquela cena o impressionou e o fez pedir sua exoneração. Paulo e eu nunca mais demos um plantão sequer.

Acredito que o pilar mais importante para o sucesso de um casamento é a admiração. O que mais sinto pelo meu marido é admiração. Paulo tem sucesso em seus investimentos, em sua carreira médica e, principalmente, em sua família. Ele é um homem muito parceiro e um pai presente, sempre dedicado a cuidar de cada um de nós. Todos os dias, acordo e admiro a pessoa que dorme ao meu lado. Tenho certeza de que ele voará cada vez mais alto, porque é muito competente e faz tudo com muito amor. Não tenho dúvidas de que esse é apenas o começo de sua jornada.

CLARISSA AGUIAR

A BASE PARA O SUCESSO É O CONHECIMENTO.

@DOUTORINVESTIMENTOS

CAPÍTULO 3

SOU MÉDICO, MAS NÃO SEI DE TUDO

O que o médico precisa saber para dar início à sua liberdade financeira?

"Não alcançamos a liberdade buscando a liberdade, mas sim a verdade. A liberdade não é um fim, mas uma consequência."

LIEV TOLSTÓI

Alguns médicos têm uma tendência a achar que sabem de tudo, que não precisam conhecer mais em relação à sua própria carreira e, principalmente, em relação ao seu dinheiro. Normalmente, há uma sensação de autossuficiência.

Acredito que esse cenário tenha uma razão de ser histórica e cultural.

O estudante de medicina das últimas décadas é completamente diferente do estudante de medicina do mundo atual. Tempos atrás, o vestibular era realmente uma prova difícil e extremamente competitiva. A concorrência era muito alta e o nível de corte também.

Na época de colégio, quando olhava para o aluno que tinha passado em medicina, eu sentia uma admiração imensa por ele e o via como um "semideus" ou algo do tipo. Isso durou por muito tempo, até que houve o que considero como uma banalização do ensino superior no Brasil. Determinados governos adotaram políticas públicas que ampliaram a quantidade de faculdades em todo o país, mas deixaram de lado a qualidade do ensino como um todo. Com o curso de medicina não foi diferente. Nada contra termos mais vagas, mas baixar a qualidade dos cursos, principalmente em se tratando da vida humana, é algo sobre o que se refletir.

Nesse cenário, como o médico costumava ser alguém extremamente esforçado, que estudava várias horas por dia, e por ter uma rotina de estudos muito intensa, ele se achava capaz de resolver tudo sozinho, sem precisar da ajuda de ninguém. Essa cultura se perpetuou por muito tempo, e muitos dos meus colegas de profissão têm essa visão até hoje. Eles acreditam que os problemas podem ser resolvidos facilmente, porém não é bem assim, existem vários vieses, ainda que não os reconheçam.

Essa postura se reflete diretamente no meio dos investimentos. Às vezes, a pessoa não quer buscar ajuda e é resistente à ideia de ter uma assessoria a aconselhando e orientando, pois acredita que gastará dinheiro à toa para ter um serviço que ele mesmo poderia realizar sozinho. Porém, um pouco mais de visão certamente o ajudaria a reconhecer que ninguém sabe de tudo, e todos nós precisamos de ajuda, inclusive nos investimentos, ou em qualquer atividade, ou na ampliação da nossa área de trabalho.

O médico não sabe de tudo, porque ninguém sabe de tudo! Essa é a grande verdade.

Todos os dias estamos aprendendo. A vida não teria graça se não fosse assim. Se soubéssemos de tudo, não teria sentido.

Na medicina, aceitar esse fato é um desafio grande e necessário para o fortalecimento da vida pessoal e profissional.

Após entender que precisa de ajuda, o médico que deseja conhecer o mercado e começar a investir pode ser mentoreado e orientado. Existem *assessorias financeiras*, que são escritórios de investimentos e gestão patrimonial que podem ou não ser credenciados a corretoras, como XP ou BTG, por exemplo. Acima de tudo, o médico precisa saber que deve ter um conhecimento mínimo sobre educação financeira. Essa é uma pauta recorrente na mídia e tem se tornado cada vez mais falada. Muitos defendem que esse tema seja explorado nas escolas, desde o ensino fundamental até o ensino médio. Os brasileiros, infelizmente, não têm um acesso tão fácil a esse tipo de conteúdo.

Se não houver o mínimo de conhecimento para realizar um planejamento financeiro, será difícil lidar com o dinheiro.

Geralmente, a renda ativa de um profissional é sempre utilizada como meio para conseguir produtos passivos. *E o que são passivos?* Um carro, um apartamento, uma viagem, ou seja, tudo aquilo que gera um gasto ou uma despesa. Costumamos vincular o dinheiro única e exclusivamente à compra de passivos, porque nunca fomos educados para pensar o contrário. A verdade é que, se você comprar *ativos geradores de renda*, isso pode se tornar um ciclo virtuoso e multiplicar seu capital.

Prego que os médicos tenham uma educação e planejamento financeiro para que procurem ajuda — seja em um escritório de agentes autônomos de investimentos, seja com o gerente do seu próprio banco. Com esse conhecimento mínimo, poderão dialogar com embasamento, reduzindo riscos, sem que recebam inúmeras ofertas e propostas de alguém que busca apenas receber sua comissão ou bater uma meta.

Se o doutor chegar à reunião com o profissional de investimentos totalmente desorientado, sem o mínimo de planejamento ou conhecimento sobre investimentos, sem nenhuma estratégia ou clareza sobre os objetivos que deseja alcançar, muito provavelmente ficará perdido e se tornará uma presa em vez de um cliente.

A assessoria é muito importante, e essa sempre é minha primeira orientação. Quem procura investir deve ler e estudar bastante para que, ao se sentar na mesa com alguém do ramo, entenda o que está sendo discutido ali e seja capaz de argumentar, a fim de fazer sua estratégia de investimento em conjunto com o profissional, entendendo o que faz sentido para você, assim como os porquês de cada aplicação.

É importante não deixar que esse auxiliar tome as rédeas da sua vida financeira sem que você tenha o mínimo de conhecimento. Se isso acontecer, e você, investidor iniciante, não entender o que foi feito, achará que está sendo enganado, que a empresa é ruim ou que o assessor não é tão competente, caso esse planejamento venha a ter qualquer deslize.

Na verdade, atualmente, o que falta para a maioria das pessoas é isto: educação financeira. Essa é a base de tudo.

O meu projeto como Doutor Investimentos surgiu para suprir essa carência. Nunca foi do meu interesse apontar qual é a empresa do momento em que vale a pena investir.

A missão do Doutor Investimentos é plantar a semente da educação e do planejamento financeiro para que as pessoas

A MISSÃO DO DOUTOR INVESTIMENTOS É PLANTAR A SEMENTE DA EDUCAÇÃO E DO PLANEJAMENTO FINANCEIRO PARA QUE AS PESSOAS TENHAM CONDIÇÕES REAIS DE IDENTIFICAR AS GRANDES OPORTUNIDADES QUANDO ELAS SURGIREM.

@DOUTORINVESTIMENTOS

tenham condições reais de identificar as grandes oportunidades quando elas surgirem.

No *mercado de investimentos*, existem inúmeros produtos para montar uma carteira específica. Eles são tipos de produtos que funcionam como uma empresa:

- os fundos de investimentos;
- os fundos multimercado;
- os fundos de ações.

Cada um deles tem um CNPJ e, consequentemente, tem um gestor e um time de profissionais envolvidos. Para gerenciar e ofertar esse produto, obviamente, há um valor a ser cobrado do investidor, que se chama *taxa de administração*.

Em alguns casos, também pode ser cobrada uma *taxa de performance*, que funciona como um bônus ao gestor do fundo, quando o desempenho da carteira for maior que a meta previamente estabelecida.

Diante disso, o colega médico que tem o perfil mais tradicional costumeiramente rejeita a ideia, por não querer pagar essa equipe e achar que é capaz de realizar o serviço sozinho.

Na verdade, um fundo nada mais é do que um conjunto de produtos financeiros que estão em uma determinada prateleira e aos quais qualquer pessoa poderia ter acesso. Entretanto, quem está responsável pelo fundo pensou em uma estratégia para escolher cada um dos produtos. Essa escolha não é arbitrária ou aleatória.

Todavia, o colega médico que acha que essa escolha é meramente aleatória tende a acreditar que, se ele mesmo fizer o processo, terá resultados semelhantes.

Esse é um exemplo clássico de quando investidores assessorados optam por utilizar a estratégia de fundos de investimentos em sua carteira, mesmo que essa não seja a única estratégia presente lá. Às vezes, o cliente se frustra com a proposta e acusa a assessoria de apenas querer ganhar seu dinheiro. Devido a esse tipo de situação, entendo que é preciso ter a mente aberta para saber que, se você não sabe de tudo, então precisa de ajuda.

Eu invisto e ajudo outras pessoas a investir há mais de uma década. Até hoje, não tomo nenhuma decisão importante sem conversar com o meu assessor, que esteve comigo durante todo esse tempo e é um dos sócios fundadores da Aplix.

Por mais que eu saiba sobre o assunto, entenda toda a tecnicidade e já tenha adquirido experiência na área, monto a minha estratégia e ligo para pedir a orientação do meu assessor antes de executá-la. Sempre digo a ele o que estou pensando em fazer, o porquê daquela escolha e pergunto qual a sua opinião.

Essa segunda opinião funciona da mesma forma que um diagnóstico de uma doença difícil que a família tem dificuldade em aceitar. Ao entrar nesse estado de negação, as pessoas logo buscam outro médico quando não conseguem lidar com a notícia. Por exemplo, o filho leva sua mãe para uma consulta e o médico diz que ela está com câncer de mama. No primeiro momento, ele vai se assustar, em seguida se desesperar, e, inevitavelmente, virá a negação e a busca pela segunda opinião.

O mesmo enredo se repete nos investimentos. Embora às vezes tenham o conhecimento necessário para investir corretamente, os colegas por vezes entram nessa fase de negação e buscam ter seus pontos de vista validados, em vez de buscar o direcionamento rumo ao caminho certo. Diferentemente, sempre busco a segunda opinião e não importa se meu assessor estiver totalmente de acordo com a minha estratégia ou se propuser alguma alteração. Às vezes, é uma mudança que eu não percebi, mas ele conseguiu enxergar porque está em uma posição que lhe permite ter outro ponto de vista.

No mundo dos esportes, por exemplo, existem as estratégias e diversos esquemas táticos que se aplicam principalmente àqueles lances que podem decidir o resultado da partida quando o tempo está acabando. No basquete, também, há várias jogadas para cobrar uma saída lateral e conseguir fazer a cesta da vitória. Às vezes, o técnico desenha na prancheta a movimentação que os jogadores devem realizar e pensa que essa é a melhor escolha. No entanto, ele está do lado de fora, enquanto os jogadores estão dentro da quadra, sentindo o clima do jogo, e podem ter perspectivas diferentes que estão além das que o técnico pode enxergar. Diante disso, podem surgir diferentes opiniões. Cabe ao bom técnico ouvir seus atletas em busca de ter uma visão completa para tomar a melhor decisão.

Quando se trata dos investimentos, o cenário é o mesmo.

O objetivo deve ser sempre a vitória, e não estar certo ou errado. Tudo é uma questão de estratégia, visão de jogo e bom senso.

Assim como o técnico do time de basquete, o investidor precisa ter a modéstia necessária para saber ouvir e mudar a jogada quando necessário. Uma segunda opinião em qualquer área da vida sempre é bem-vinda.

No mercado financeiro, existem ainda duas definições que todo investidor deve conhecer para ter sucesso e alcançar sua qualidade de vida. Esses dois temas são bem recorrentes na área e sempre estão presentes nas redes sociais. São eles:

- liberdade financeira;
- independência financeira.

Costumo dizer que a liberdade financeira está sempre atrelada à renda ativa, que é toda renda proveniente de algum gasto de energia e, consequentemente, de tempo. Na renda ativa, a pessoa troca o seu tempo por dinheiro. Vale lembrar que o tempo é um bem extremamente importante e deve ser trocado sabiamente, e não de maneira aleatória.

A pessoa que tem conhecimento, boa formação, que se especializou, que consegue produzir ou resolver um problema complexo da sociedade, será bem remunerada por isso. Portanto, terá uma boa renda ativa e, consequentemente, terá liberdade financeira.

A liberdade financeira nada mais é do que ter direito de escolha.

Liberdade financeira é ter o direito de escolher onde morar, qual carro dirigir, qual restaurante frequentar, sem se preocupar se terá dinheiro suficiente para pagar por aqueles bens e serviços. Isso é o que a renda ativa lhe proporciona. Para um colega médico atingir uma liberdade financeira, ele basicamente precisará se especializar o máximo que puder e conseguir resolver problemas cada vez mais complexos e raros. Logo, ele será sempre mais bem remunerado por isso.

Ademais, é importante evitar desperdícios. No nosso caso, insisto em dizer que o maior desperdício de um médico geralmente é com financiamentos desnecessários. O colega acaba entrando dentro do ciclo vicioso de pagar juros compostos, em um banco ou em uma instituição financeira, enquanto deixa de entrar no ciclo virtuoso de ganhar juros compostos a seu favor. Ao chegar a esse ponto, certamente não conseguirá ter plena liberdade financeira. Dessa forma, também nunca terá a independência financeira.

De maneira oposta à liberdade financeira, a independência financeira está atrelada à renda passiva, que é toda e qualquer renda obtida sem nenhum gasto de energia. Esse tipo de renda é aquele conseguido sem que seja preciso trocar o tempo por dinheiro. Se tenho mais tempo sobrando, posso usá-lo para aproveitar mais momentos com a minha família, para cuidar melhor da minha saúde e para fazer outras atividades que não sejam a medicina.

Recentemente, dei uma palestra para quarenta médicos da cirurgia plástica. Nesse dia, pude encontrar com um antigo colega e cirurgião plástico que é um empreendedor nato dono de diversos negócios. Durante nossa conversa, ele me falou uma frase que chamou muito a minha atenção: "O médico, cada vez mais, deve procurar pensar fora da caixinha da medicina e empreender. Assim terá mais tempo para realizar a medicina que deseja e não a que o plano de saúde quer que ele faça". Aquela fala foi fantástica e marcou minha memória, visto que é exatamente o que defendo e como me vejo.

Comecei a investir porque nunca pensei em viver exclusivamente da medicina.

Todos nós temos um potencial gigantesco para realizar várias outras atividades, então não devemos nos limitar a apenas uma atividade laboral.

Ao compreender isso, passei a buscar formas de ampliar meus conhecimentos e ter outras ferramentas para poder realizar a medicina que desejava, e não a que os outros queriam que eu fizesse.

A LIBERDADE FINANCEIRA NADA MAIS É DO QUE TER DIREITO DE ESCOLHA.

@DOUTORINVESTIMENTOS

Sendo assim, a independência financeira acontece quando você consegue atingir um percentual de renda passiva suficientemente grande para conseguir se manter sem necessariamente ter de trabalhar. A pessoa passa a trabalhar por opção. É isso que quero dizer com fazer a medicina que deseja, e não a que te obrigam a fazer. A medicina por obrigação acontece quando você precisa pagar uma conta, um financiamento ou a faculdade de um filho, ou seja, quando você não tem outra escolha a não ser trabalhar ou quando a medicina deixa de ser por amor e passa a ser por necessidade.

Esse é o espectro da renda ativa e renda passiva que desejo aprofundar no próximo capítulo. O direito de escolher é fruto da renda ativa, que dá liberdade financeira.

A renda passiva permite a independência financeira, que devolve o bem mais precioso, que é o tempo.

Para o colega médico conseguir entrar no ciclo virtuoso, precisa ser organizado, extremamente especializado, evitar gastos desnecessários e valorizar o seu trabalho. Seguindo esses passos, você conseguirá a liberdade para fazer o que quiser com sua renda ativa e, ao mesmo tempo, construir a renda passiva, que, futuramente, lhe dará a possibilidade de trabalhar e fazer a medicina que sempre quis fazer ou até parar de trabalhar e se aposentar mais cedo.

Por que no início da minha carreira trabalhei tanto e não ganhei tanto dinheiro? Porque era um médico generalista e faltava conhecimento na base do meu planejamento financeiro. Quando você é um médico generalista, recebe apenas para resolver um problema que todo médico que acabou de sair da faculdade pode resolver. Então, não tem nenhum diferencial, é um profissional comum que terminou a faculdade para assumir um emprego comum. Não podemos ser generalistas no desenvolvimento da medicina nem podemos pensar que sabemos tudo que envolve o alcance dos nossos objetivos.

Foi nesse momento que entendi que precisava aprender a aprender e aprender a me pagar. Logo, dei início a um planejamento que tem os seguintes pilares:

- Realizar o autopagamento para buscar uma renda passiva e não se tornar um idoso trabalhando em um plantão noturno.
- Ter uma gestão orçamentária para não ter problemas para pagar contas.
- Formar uma reserva de emergência para se proteger e não ser surpreendido pelas adversidades da vida.

Em 2010, decidi que iria mudar minha vida financeira. Comecei a planejar e organizar minhas finanças até finalmente virar o jogo, o que aconteceu em apenas dois anos.

QUANTO VALE A SUA HORA?

Meu nome é Arthur Costa Lima Filho e sou oftalmologista. Conheço o Paulo desde a época de faculdade. Embora não tenhamos estudado juntos, tivemos muitos amigos em comum. Mais tarde, ele se tornou anestesista, e eu fiz minha residência médica no hospital de olhos Leiria de Andrade. Paulo já trabalhava lá e entrou para a minha equipe de cirurgia quando me formei. Mantemos essa parceria há mais de dez anos.

Temos uma relação próxima e sempre conversamos. Durante um tempo, fomos sócios de uma clínica chamada Oftalmed, mas Paulo decidiu sair da sociedade. Apesar disso, ele continua trabalhando lá em dois dias de cirurgia por semana, e sempre nos encontramos.

Estamos em fases da vida muito semelhantes. Nossos filhos têm a mesma idade, já fizemos viagens juntos em família para os EUA, por exemplo, ou para praias próximas do litoral nordestino. Paulo é uma ótima pessoa e temos muita afinidade. Com a sua entrada no mundo dos investimentos, passamos a ter ainda mais esse assunto em comum, uma vez que essa área me interessa bastante.

Além do trabalho, todos os dias conversamos sobre negócios e política. Tenho um perfil muito agressivo para os investimentos e gosto de arriscar bastante. Paulo sempre me acompanha de perto, tira minhas dúvidas e me oferece conselhos preciosos. Por exemplo, invisto em empresas em recuperação judicial, investimento este que é de alto risco e não é recomendado para outras pessoas, mas ele aposta junto comigo e tem bastante coragem. Quando decido entrar em um negócio, Paulo tem bastante confiança em mim.

Nós, médicos, sempre focamos muito o trabalho e nos esquecemos de buscar outras formas de rendimento fora da medicina. Aprendi com o Paulo que, além do meu trabalho, ter uma empresa e o meu capital investido significava ter o meu dinheiro trabalhando por mim.

Paulo tem bastante personalidade para "dar a cara a tapa", se expor nas redes sociais e enfrentar as críticas que surgem eventualmente. Ser anestesista e falar sobre investimentos é algo que causa estranhamento em alguns e, por essa razão, exigiu dele bastante coragem para transcender a área médica e explorar um outro segmento de trabalho, pelo qual é claramente apaixonado e no qual está alcançando sucesso.

Pude acompanhar todo o seu crescimento e vi que ele começou de maneira moderada ao investir em renda fixa, depois em fundos de investimentos. Ganhou conhecimento com o passar do tempo e partiu para ações e criptomoedas, enquanto entendia os riscos e diversificava sua carteira.

Para além dos negócios, lembro-me de bons momentos pessoais e familiares que vivemos juntos. Certa vez, viajamos para

Guaramiranga, no interior do Ceará, com amigos e familiares. Eram seis casais, e Paulo se prontificou a cuidar de tudo para que todos se divertissem e ficassem confortáveis. Ele contratou uma empresa de recreação para as crianças, comprou diversos tipos de carne e cozinhou para todos, chamou uma chef de cozinha francesa, fez uma noite de pizzas no forno. Tudo aquilo chamou a atenção de todos pela sua generosidade e dedicação em servir seus amigos. Paulo é uma pessoa muito caseira, que valoriza muito sua família e sabe como agregar na vida de todos à sua volta.

Ele é alguém que deve sempre seguir em busca dos seus sonhos, pois seu potencial é singular. Ele é muito perseverante e focado nos negócios. Além disso, tem uma grande virtude, que é seguir o que acredita independentemente da opinião contrária das outras pessoas.

Sempre estarei do seu lado, e nossa parceria seguirá firme tanto na medicina como nos investimentos. Como um bom amigo, também estarei disposto a ajudá-lo e orientá-lo quando necessário. Na vida pessoal, Paulo me deu suporte em momentos cruciais da minha história, e por isso sou muito grato. Ele é meu amigo do coração e quero tê-lo por perto pelo resto da vida.

Arthur Costa

A RENDA PASSIVA PERMITE A INDEPENDÊNCIA FINANCEIRA, QUE DEVOLVE O BEM MAIS PRECIOSO, QUE É O TEMPO.

@DOUTORINVESTIMENTOS

CAPÍTULO 4

A SAÚDE DO DINHEIRO DEPENDE DO MÉDICO

Planejamento financeiro
e gestão de risco

"Riqueza é aquilo que você mantém caso todo o seu patrimônio seja perdido."
JORDAN B. PETERSON

Quando penso por qual motivo ensino sobre investimentos e por que decidi escrever este livro, consigo perceber claramente que o meu objetivo é plantar a semente da educação financeira, principalmente nos colegas médicos e em profissionais liberais. Faço parte desse grupo, e nada mais justo que compartilhar tudo aquilo que aprendi ao longo do tempo para que você não precise cometer os mesmos erros que eu para obter os mesmos aprendizados.

Médicos e profissionais liberais geralmente são pessoas que ganham muito bem, mas, por algum motivo, não conseguem se organizar financeiramente. Então, meu objetivo é mostrar a você como uma vida financeira organizada, somada à constância nos investimentos, poderá levá-lo a lugares inimagináveis.

Por mais que eu seja médico, adoro estudar e falar sobre investimentos. Sempre que tenho a oportunidade de conversar sobre esse assunto com as pessoas, percebo que existem dois termos extremamente importantes que passam despercebidos e são pouco compreendidos: renda ativa e renda passiva. Por isso, vamos nos aprofundar um pouco mais neles.

Na maioria das vezes, as pessoas não priorizam saber como investir, entender o mercado ou aprender as melhores estratégias. A primeira coisa que elas querem saber é: "Quanto vou ganhar?".

Essa pergunta é perigosa, pois as pessoas estão em busca de apenas um número que lhes seja atrativo e não conseguem entender o que justifica esse valor. Você compreenderá melhor o risco desse tipo de pergunta quando nos aprofundarmos no tripé dos investimentos.

A renda ativa é todo dinheiro proveniente de algum gasto de energia de trabalho, o que normalmente corresponde à nossa profissão.

Quando se entende que a *renda ativa* é a remuneração pelo seu trabalho, é a compensação financeira pelo consumo do seu tempo e da sua energia para uma atividade produtiva, é possível compreender que, por esse motivo, dificilmente a renda passiva conseguirá superar a sua renda ativa, pois, para obter renda ativa, você abre mão, em troca de dinheiro, do seu principal bem: o tempo.

O colega médico troca plantão por dinheiro, ou seja, deveria ser bem remunerado ao destinar doze horas do seu dia para uma atividade. Porém, esse é um processo que pode ser muito penoso e exigir sacrifícios.

Em contrapartida, a renda passiva consiste em fazer com que o dinheiro trabalhe para você.

Ter renda passiva significa ganhar dinheiro enquanto se está dormindo, enquanto se está aproveitando seu tempo com a família, enquanto se está viajando ou em qualquer lugar. Em outras palavras, é o dinheiro que você não precisa trabalhar para obter.

Essa é a grande sacada que muitos desconhecem e que tento transmitir aos meus colegas médicos e profissionais liberais: você deveria se concentrar em ter capacidade para gerar um capital suficiente que, ao ser investido de maneira correta e inteligente, consiga te gerar uma renda passiva que cubra as suas despesas e, dessa forma, faça com que você não seja mais dependente da renda proveniente do seu trabalho.

Se você atingir esse patamar, não dependerá mais da troca do seu tempo, que é o seu bem mais importante, por dinheiro.

Certa vez, um colega veio até mim e disse: "Paulo, tenho duzentos mil para investir e quero a sua ajuda, quanto eu consigo de retorno com esse dinheiro?".

Quando expliquei para ele como funcionam a rentabilidade dos investimentos e os ganhos esperados, que dependem de uma série de fatores — do perfil que ele tem, dos objetivos almejados e do tipo de carteira que poderia ser montada —, eu me surpreendi com a resposta que obtive: *"Ah, não, não vou querer fazer isso. É melhor construir casas para vender ou alugar"*.

Nesse momento, percebi que algo que era óbvio para mim não era tão claro assim para o meu colega e para muitas outras pessoas que já tive oportunidade de conhecer na vida depois desse episódio.

Dependendo do cenário, construir casas para vender ou alugar pode oferecer ganhos maiores que certas alternativas de investimento, no curto prazo. A média dos rendimentos de aluguéis fica em torno de 0,4% a 0,5% ao mês; portanto, em períodos em que a taxa básica de juros do país (taxa Selic) esteve em patamares muito baixos, como 2% ao ano, em 2020, os aluguéis de imóveis eram mais bem remunerados do que investimentos de renda fixa e conservadores, como poupança e títulos atrelados ao CDI ou Selic.

Por outro lado, quando a taxa Selic esteve em altos patamares, como os valores atingidos durante 2023 (13,75% ao ano), os títulos públicos, papéis atrelados ao CDI e alguns fundos imobiliários conseguiram entregar rendimentos maiores que os aluguéis de imóveis, entre 1% e 1,2% ao mês.

Observe os rendimentos em diferentes cenários na tabela a seguir, considerando que meu colega investisse os duzentos mil durante um ano.

Média de Rendimento	Taxa ao ano	Taxa ao mês	Rendimentos
Aluguel de Imóvel	4,91%	0,40%	R$ 209.814,04
Título Público (Selic baixa)	2%	0,1652%	R$ 204.000,00
Título Público (Selic alta)	13,75%	1,0794%	R$ 227.500,00
Fundo Imobiliário	15,39%	1,20%	R$ 230.778,92

Ademais, quem deseja realizar investimentos assertivos precisa considerar outros fatores que vão além da rentabilidade a curto prazo. Ao optar pela construção de casas, meu colega certamente terá algumas dores de cabeça, precisará resolver burocracias, arcará com impostos sobre os aluguéis, correrá risco de vacância dos imóveis ou precisará encontrar compradores caso decida vendê-las, entre outros aspectos que exigirão seu tempo e energia. Por isso, é tão importante ter uma visão holística dos investimentos e considerar todas as nuances que os envolvem antes de tomar uma decisão.

Existem dois conceitos intimamente ligados à renda ativa e renda passiva. São eles a liberdade financeira e a independência financeira, respectivamente, que já abordei no capítulo anterior e iremos aprofundar neste capítulo.

A liberdade financeira está relacionada à renda ativa porque representa o seu direito de escolha mediante a sua disponibilidade financeira. Quando você trabalha, é remunerado por isso e pode destinar esse dinheiro para o que desejar: ir a restaurantes, fazer uma viagem, comprar roupas novas ou adquirir um carro. Tudo isso vem da renda ativa. Porém, o que faz as pessoas terem liberdade financeira? O fato de poderem utilizar a sua renda com o que desejarem, sem se preocupar com a possibilidade de terem ou não dinheiro suficiente para pagar por aqueles bens.

Por outro lado, o conceito de independência financeira está intimamente relacionado à renda passiva. Ao contrário da liberdade financeira, cujo possuidor tem direito livre de escolha para gastar sua renda ativa sem se preocupar se será capaz de pagar os bens adquiridos, a independência financeira está ligada a não depender mais da sua força de trabalho para conseguir se sustentar, ou seja, ser independente da sua renda ativa.

As pessoas costumam se questionar: "Mas, se a renda passiva não é uma troca de tempo por dinheiro, como é possível conseguir essa renda?". O modo mais comum de conseguir renda passiva é por meio de uma boa estratégia e de uma boa carteira de investimentos.

Isso porque os dividendos gerados na carteira de investimentos serão suficientes para bancar os seus custos de vida no futuro.

Claro que existem ainda outras formas, como as pessoas que herdam uma fortuna de família ou possuem vários imóveis alugados — isso também faz parte da renda passiva. Entretanto, esse não é um cenário tão comum e, sendo bem sincero, nem todo mundo tem essa "sorte", não é mesmo?!

O modo mais prático e simples de conseguir renda passiva é montar uma carteira de investimentos que vai bancar suas despesas no futuro.

Para alcançar esse patamar, você precisará ter organização. Precisará, antes de qualquer coisa, de um planejamento financeiro muito bem-feito para que mais à frente consiga uma renda passiva suficiente para sustentar você e sua família de forma confortável.

Às vezes, muita gente acaba desconsiderando ou invertendo a ordem de etapas muito importantes para um planejamento financeiro, por isso uso a analogia de uma pirâmide para apresentar essas etapas.

Na *base da pirâmide*, está o *conhecimento*, que está relacionado a qualquer tipo, qualquer forma ou meio de ação que o faça ter ou melhorar a renda ativa, por meio do seu trabalho. Isso significa que, quando você vai a uma faculdade, uma pós-graduação, mestrado, doutorado ou um curso específico, está adquirindo conhecimentos novos para realizar uma nova prática, para que isso volte a você em forma de renda ativa — algo que aumente o valor que você ganha.

Para um médico, o raciocínio é o mesmo. Se você tiver cursado medicina e agora estiver cursando uma especialização, um mestrado ou um curso de uma nova técnica, conseguirá agregar mais valor a uma mesma consulta e, por isso, cobrará mais por um serviço que já faz.

Se você parar para observar, somos pagos proporcionalmente pelo trabalho que fazemos, pelos problemas que resolvemos. Se eu, como profissional, resolver um problema muito complexo, serei mais bem remunerado do que os que resolvem problemas mais simples. Da mesma forma, se resolver um problema comum de forma mais rápida, prática ou indolor que os outros profissionais, poderei cobrar mais que eles pelo meu tempo.

Agora, se você resolver o mesmo problema que muitos outros profissionais também resolvem, problemas simples, da mesma forma que todos, não haverá motivos para você ter uma remuneração maior pelo seu trabalho. Isso porque você entra na lei de oferta e procura: se existe uma grande quantidade de pessoas capazes de ofertar e entregar uma solução simples, o valor pago por aqueles que demandam a solução é muito baixo. Por outro lado, se você faz uma entrega que poucos conseguem fazer, seu serviço é como uma pedra preciosa: por ser escassa, tem grande valor.

É por isso que defendo o conhecimento.

Quanto mais você investir no seu conhecimento, mais terá condições de aumentar a renda ativa quando ela precisar ser aumentada.

Logo depois dessa base da pirâmide, o *segundo nível* diz respeito à *gestão de risco*. Essa é a etapa que a maioria das pessoas esquece e, por isso, comete grandes erros no planejamento financeiro, principalmente o profissional liberal, porque gestão de risco envolve as proteções que se deve ter para assegurar a sua geração de renda.

Neste momento, algumas pessoas me perguntam: "Proteger a geração de renda? Como assim, Paulo? Por que preciso proteger isso?".

Eu até já contei essa história anteriormente, mas é com ela que sempre ilustro a importância da proteção da renda. Em 2011, quando eu tive a infeliz oportunidade de conhecer como era a lataria de um ônibus por baixo, e foi indicado que eu ficasse seis meses sem trabalhar, eu teria cumprido a recomendação médica e me cuidado melhor se soubesse o que era gestão de risco. Mas, como não tinha reservas para um momento como esse, passei apenas dois meses de repouso e, depois disso, mesmo de muleta, ia para o plantão. Cheguei para a minha chefe e disse que só poderia estar em cirurgias em que houvesse anestesia geral, pois conseguiria trabalhar pulando pela sala.

Sendo médico, o único gerador de renda que possuo sou eu mesmo. Eu, você que lê o livro e qualquer médico no Brasil hoje somos nossa própria empresa. Porque, querendo ou não, acabamos dependendo majoritariamente do trabalho que prestamos para ganhar uma renda ativa. E, caso algo aconteça que nos impeça de trabalhar, como aconteceu comigo, o que podemos fazer para nos protegermos de ficar sem renda nesse período?

Se algo semelhante acontecesse atualmente, tenho a sorte de ter uma esposa que poderia dar conta da casa, enquanto me recupero. Mas e se esse não fosse o caso? Como faria para cuidar da minha família e prover para minhas filhas?

INVESTIR
É PROTEGER.

@DOUTORINVESTIMENTOS

É por isso que sempre digo que a gestão de risco é tão importante! Ter uma gestão de risco inclui todas as proteções que você pode ter para momentos de dificuldade, significa ter instrumentos financeiros que protegerão a sua renda ativa caso você esteja impedido de trabalhar. Pode ser desde um seguro de vida, um seguro de invalidez temporária ou permanente — até porque eu poderia muito bem ter ficado completamente inválido ao trabalho após sofrer um acidente sério como aquele!

O maior alerta que faço é o seguinte: tenha sempre em mente um plano B, uma proteção, uma gestão de risco para sua renda ativa. Espero que você nunca precise usá-lo, mas, caso um dia precise, estará assegurado.

Sendo assim, opte, principalmente, pelos seguros que manterão sua renda, como a DIT (Diária por Incapacidade Temporária) ou o SERIT (Seguro de Renda por Incapacidade Temporária). Se a sua renda ativa é a base da sua vida financeira, como você pode deixá-la desprotegida?

No final das contas, investir é proteger.

Proteger-se de riscos e situações adversas é algo fundamental, mas a maioria das pessoas costuma negligenciar isso, talvez porque acha que dificilmente algo assim acontecerá com elas. Mas acredite no que eu digo: é muito melhor prevenir do que remediar.

Possuir um seguro de invalidez temporária por acidente ou por doença; e possuir um seguro de vida pensando no futuro, na proteção da sua família, na sucessão patrimonial, de fato, é relevante. Não adiantaria nada se esforçar para obter todo o conhecimento que você buscou para fortalecer a base da sua pirâmide se, na primeira eventualidade que o atingisse, você perdesse a sua capacidade de gerar renda e precisasse usar todo o capital poupado.

Retomando as etapas da pirâmide, depois de adquirir mais conhecimento para conseguir aumentar a renda ativa e depois de proteger essa renda, aí, sim, você poderá começar a *montar* a sua *carteira de investimentos* propriamente dita.

A carteira de investimentos é a base principal para gerar a tão sonhada renda passiva, aquela que você ganha sem esforço, sem trabalho, cujo rendimento você vê num aplicativo de celular, sem estar necessariamente fazendo algo para gerar a quantia ganha.

O cenário minimamente ideal é conseguir montar uma carteira de investimentos eficiente e inteligente e conseguir uma rentabilidade suficientemente grande para superar pelo menos a inflação.

Você já parou para se perguntar quanto valem cem reais hoje, se comparássemos com cem reais no ano em que o Plano Real surgiu (1994)? Por exemplo, após 28 anos do Plano Real, cem reais em 2022 compravam o mesmo que 13,91 compravam em 1994. Veja só o poder da inflação de corroer o valor do dinheiro ao longo do tempo!

Se uma pessoa guardasse cem mil reais embaixo do colchão em 1994 e resolvesse tirar esse dinheiro em 2022, esse capital seria o equivalente a ter guardado apenas 13.910. De que adiantou apenas guardar esse montante durante tanto tempo? Por esse motivo é importante ter uma carteira de investimentos inteligente e entender que a inflação é um dos grandes vilões do investidor. Se você conseguir rentabilizar seu capital a uma taxa que supere ao menos a inflação, já terá alcançado bons resultados.

Por fim, após montar uma carteira que consiga proteger seu capital da inflação e multiplicar seu patrimônio gerando renda passiva, chegará o momento do *usufruto*.

Ao chegar à última etapa do planejamento financeiro, após dedicar anos de trabalho para gerar renda ativa, gerenciando riscos, acumulando e multiplicando capital por meio de investimentos, chegará o momento em que os proventos gerados pelos investimentos serão suficientemente grandes para cobrir seu custo de vida, e assim você poderá usufruir de todo o esforço realizado ao longo do tempo e obterá a tão sonhada renda passiva. Nessa etapa, você não precisará trocar seu tempo por dinheiro e terá acesso à sua independência financeira.

Essa é a base de qualquer planejamento financeiro e, para você que pensa em ter um bom planejamento, é o "caminho das pedras", é praticamente o passo a passo para começar.

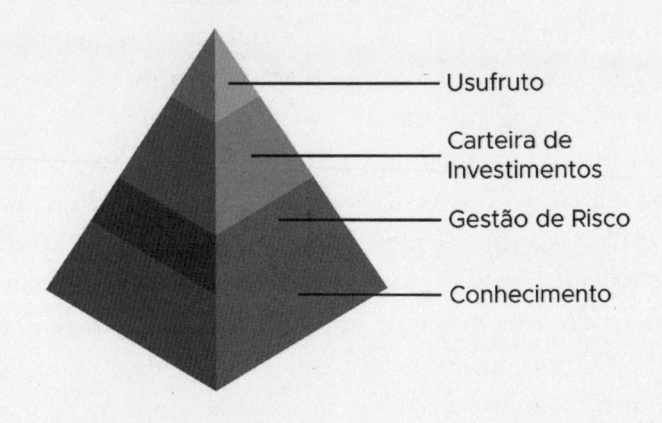

- Usufruto
- Carteira de Investimentos
- Gestão de Risco
- Conhecimento

Para conciliar uma trajetória de sucesso nos investimentos com uma carreira médica e gerenciar tudo isso de maneira saudável, só existe um caminho de sucesso: o do planejamento. A pessoa que se planeja e se antecipa aos problemas sempre estará à frente de todas as situações.

Poupar e investir é trazer um custo do futuro para o presente e começar a pagar essa conta hoje.

Muitas pessoas me perguntam: "Então, preciso pagar uma conta que nem existe?". Para essa pergunta, existem duas possíveis respostas: você pode fazer isso enquanto tiver uma boa capacidade laboral, ou ser um doutor de mais de 70 anos ainda dando plantões para sobreviver. Por isso, não tem outra saída, é preciso se planejar adequadamente de acordo com cada etapa da sua vida.

Como se pode observar na imagem a seguir, as fases da vida financeira (acumular, rentabilizar e preservar) podem estar alinhadas a etapas de vida, desde a juventude até a aposentadoria. Em cada uma dessas etapas, é essencial saber, entender e compreender o seu perfil de investidor, pois em cada fase você poderá assumir diferentes comportamentos.

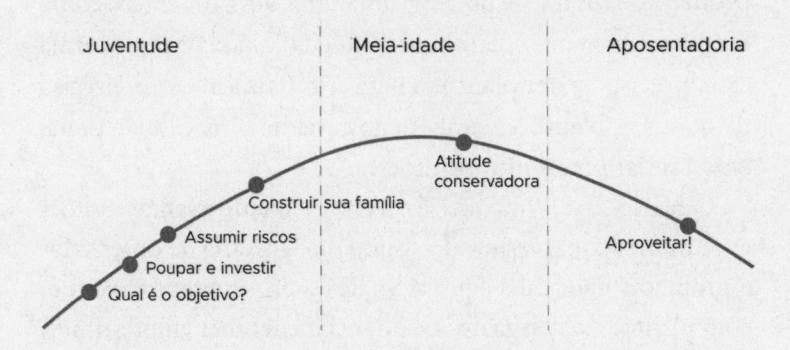

Juventude	Meia-idade	Aposentadoria
Qual é o objetivo? / Poupar e investir / Assumir riscos	Construir sua família / Atitude conservadora	Aproveitar!

Nos investimentos, existem três principais perfis: o conservador, o moderado e o arrojado. É importante considerar que o perfil de investidor jamais deve ser visto como uma foto (estático). Ele deve ser sempre visto como um vídeo, cujas cenas vão se desenrolando ao passar do tempo, assim como se pode observar na curva da imagem anterior.

Quando se está na fase de *acumulação de capital*, geralmente o investidor está iniciando sua vida economicamente ativa e está na sua melhor fase produtiva. Em tese, é nessa época que você começa a ganhar mais dinheiro, a acumular patrimônio. Por esse motivo, existe a possibilidade de adotar *um perfil mais agressivo* nos investimentos, pois, caso aconteça algo fora do planejado, você terá tempo para se reconstruir. Se você não for mais agressivo nessa etapa em que está ativamente produzindo, poderá perder uma grande oportunidade de edificar seu patrimônio, o qual será responsável pela geração da sua renda passiva no futuro.

Quando falo em capacidade produtiva, refiro-me ao momento em que você já fortaleceu a base da sua pirâmide do planejamento financeiro, que é a busca pelo conhecimento, pelo aprimoramento da sua formação.

É exatamente na fase de acumulação que se deve evitar pequenos erros que se podem tornar grandes problemas, como o de transformar o plantão em moeda: "Para comprar uma casa, preciso de dez plantões; para comprar um carro, preciso de mais seis plantões; também gostaria de uma casa de praia, então seriam mais oito plantões...".

Quando se vê, o médico já precisa estar em sessenta plantões em um mês para pagar tudo aquilo que gostaria de obter. Mas o problema não acaba aqui: além de comprometer todo o mês com plantões, o colega decide financiar e receber empréstimos, se afunda em dívidas e, ao invés de usar os juros compostos a seu favor, ele os usa contra si.

Os juros compostos podem ser o seu pior inimigo ou o seu maior aliado. A escolha é sua.

No supermercado, é comum ver promoções do tipo "pague dois, leve três". Mas, quando se financia um apartamento, o que acontece é o contrário. Você compra um, paga o valor de três e às vezes não leva nenhum, porque você passa trinta anos pagando pelo apartamento e, às vezes, ao final desse período, a residência nem existe mais. É uma dura realidade.

Não estou dizendo que não se pode comprar ou financiar uma casa própria, mas é preciso estar atento e tomar decisões com base em um bom planejamento. Sempre existem várias possibilidades no mercado, que podem ser melhores ou piores. Daí vem a importância da inteligência financeira.

A segunda fase da vida financeira consiste na *rentabilização do capital* anteriormente acumulado. Nessa etapa, existe uma clara *transição de um perfil agressivo para moderado*. Se você tiver realizado uma boa acumulação e não tiver cometido grandes erros financeiros, terá conseguido acumular uma quantidade de capital relevante que permitirá a formação de uma carteira de investimentos capaz de multiplicar esse valor, por meio de estratégias de investimentos que você montará com seu assessor ou profissional da área.

Muitos me perguntam: "Paulo, quando você investe em ações, como é que você faz?". A minha resposta é sempre a mesma: "Depende". Se eu estiver na fase de acumulação e quiser investir em ações diretamente, sem optar por fundos de ações, eu prefiro investir de 60% a 70% em ações de empresas de crescimento do que em empresas que são boas pagadoras de dividendos. Em

OS JUROS COMPOSTOS PODEM SER O SEU PIOR INIMIGO OU O SEU MAIOR ALIADO. A ESCOLHA É SUA.

@DOUTORINVESTIMENTOS

companhias denominadas como "em crescimento" e que possuam bons fundamentos, o valor da ação tende a se multiplicar e crescer exponencialmente ao longo do tempo. Esse mesmo comportamento não é observado nas empresas que são boas pagadoras de dividendos, pois geralmente são empresas que já cresceram e já estão maduras no mercado. Nesse caso, o valor patrimonial da ação pode até aumentar, mas não tende a ser algo tão significativo; o diferencial dessas ações são os pagamentos recorrentes (dividendos) a cada seis meses, a cada ano (a depender da empresa). Se eu pretendo acumular capital, particularmente prefiro ter um maior percentual em empresas de crescimento, porque elas ajudarão a fazer o meu montante crescer. Destaco que é muito importante ter atenção à estratégia que usará.

Não existe certo ou errado, existe o que funciona para você, para seu perfil e momento de vida.

Por fim, a última etapa da vida financeira é a *preservação*. Esse é o momento de usufruto em que, na aposentadoria, você diminuirá sua jornada produtiva e não terá mais gastos com a educação dos filhos, por exemplo. Nessa fase, faz total sentido adotar um *perfil conservador*, pois seu objetivo é que os investimentos apenas mantenham o seu poder de compra e entreguem a sua renda passiva.

Nessa fase, você não procura por ações nem investimentos mais agressivos para multiplicar capital. O objetivo é utilizar produtos que consigam gerar renda passiva, que sejam mais seguros e não sofram tanta oscilação.

―――

Perceba como o perfil de investidor tende a mudar dependendo do seu momento de vida, são várias nuances para se observar ao realizar investimentos, e é isso que faz com que o mundo financeiro seja tão rico em detalhes e possibilidades. Não é apenas entender sobre números, mas sobre a vida. Solteiro ou casado, com filhos ou sem filhos, estudante ou empregado, empresário ou concursado. O seu estado atual muda tudo, e, com o tempo, tudo muda. Nada permanecerá estático.

Depois que se estabelece essa organização mental, tudo acontece de forma automática. Após ajustar todas as etapas da pirâmide de planejamento financeiro ao melhorar a renda ativa, estabelecer o autopagamento e aumentar a capacidade de poupança, não haverá mais necessidade de se preocupar todos os dias com isso.

Quando a carteira de investimentos já estiver montada, a estratégia será reavaliada periodicamente. Esse tempo pode variar entre seis meses e até cinco anos, de acordo com o perfil do investidor, que pode mudar a partir de suas necessidades.

Quando você tiver um planejamento com um objetivo claro, bastará cumprir o plano com organização e disciplina. Esse processo é semelhante a estudar para uma prova. É preciso saber quais são as matérias mais importantes e montar um roteiro de estudos que deve ser seguido à risca.

A mesma coisa acontece com quem inicia uma dieta de emagrecimento. A pessoa toma conhecimento de quais alimentos devem ser priorizados, quais devem ser evitados e monta um cardápio. Quem o segue obtém um bom resultado, mas quem não o faz não consegue emagrecer. Tudo é questão de planejamento.

Durante este capítulo, tratamos da busca pelo conhecimento, pois muitas pessoas não conseguem entender sequer que a inflação existe ou o que significa, então tudo fica mais difícil. O que se comprava em 1994 com cem reais não é o mesmo que se compra hoje com o mesmo valor. Antes, era possível sair do supermercado com um carrinho cheio de compras, enquanto hoje o poder de compra diminuiu, pois a moeda perdeu valor. Quando o dinheiro é mal administrado, a inflação o engole.

A inflação faz parte da economia e é benéfica, desde que não seja exorbitante. É ela que mede o poder econômico de determinada economia. Se ela está sempre variando, isso significa que o mercado funciona e que ocorre compra e venda. Só existe inflação a partir desse movimento. Se alguém comprar algo e eu vender algo, será gerada uma inflação que, para ser controlada, irá utilizar os juros.

Por exemplo, no final de 2020, o Brasil estava com uma taxa de juros de 2%, ou seja, todo o dinheiro do país era sobretaxado em base de 2%. Para financiar uma casa, por exemplo, os juros que o banco já tinha garantidos eram esses 2%. Para obter lucro, o banco emprestava dinheiro com juros de 4% a 5%. Dessa forma, o comércio ficava muito atrativo. Quando se tem juros baixos com inflação baixa, temos o melhor dos cenários. Isso é o que os EUA vivenciavam há décadas, por isso são uma das maiores economias do mundo.

Em contrapartida, quando a economia funciona com juros altos, geralmente para conter a inflação, as pessoas têm medo de comprar. Após a pandemia da covid-19 (2020) e a Guerra da Ucrânia (2022), o mercado financeiro passou por uma crise mundial de commodities. No cenário macroeconômico, os juros aumentaram de 2% para 13,75%. Diante disso, para financiar uma casa, o banco passou a cobrar juros de 17%, sendo que, pouco tempo antes, eram de apenas 5%.

Quando os juros aumentam, a inflação tende a baixar, uma vez que o mercado e a economia param. Não há mais movimento de compra e venda, porque o dinheiro ficou caro e as pessoas não têm coragem de financiar um carro ou apartamento, empresários evitam gastar com obras e as grandes empresas optam por não aumentar a estrutura, logo não contratam mais funcionários. Tudo para.

Mas o conhecimento sobre assuntos relativos à economia nos leva para a frente e para cima.

Quando há organização, tudo no planejamento financeiro acontece de forma quase que invisível. Porém, muitos não conseguem fazer isso ou nem sabem por onde começar, portanto precisam de ajuda.

Negar essa ajuda e tentar fazer tudo sozinho é um sinal claro de orgulho — e daqueles que só atrasam o próprio crescimento.

Ao buscar ajuda profissional e contratar uma assessoria como a Aplix, o investidor terá um assessor que agirá como se fosse o seu médico, advogado ou algo parecido. O meu dentista me liga a cada seis meses para dizer que está na hora de colocar um flúor. Isso é a sua organização para tentar me resgatar enquanto cliente, porque, se não fizer isso, não ganhará dinheiro. Ao mesmo tempo, esse serviço é excelente para mim, pois me entrega saúde. Da mesma forma acontece com o advogado que acompanha os processos de um cliente e liga para avisá-lo de qualquer atualização. Além do seu propósito principal, esse serviço lhe é útil para livrá-lo da carga mental de pensar naquele problema todos os dias, pois o advogado fará isso em seu lugar.

Ter um assessor para cuidar da sua vida financeira é uma dica valiosa. O sucesso está diretamente ligado à organização e à eficiência de um planejamento bem montado, que deve ser seguido, do contrário todo o trabalho terá sido em vão. Ao comprar um carro, é necessário fazer as revisões e cuidar bem do veículo para que ele funcione. Com a carteira de investimentos não é diferente.

Caso queira, o investidor poderá delegar todo o processo ao seu assessor financeiro. Entretanto, sempre recomendo a quem deseja começar a investir que busque ter um entendimento global para entender o que acontece e escolher um bom profissional. Assim como em qualquer outra área, nesse tipo de assessoria podem existir profissionais ruins, e, para evitá-los, é preciso ter um mínimo de conhecimento.

Na assessoria da Aplix, basta o cliente querer começar, e ele será muito bem orientado antes disso. Ainda no primeiro dia, recebe um presente, que é um livro chamado *Psicologia financeira*. A ideia geral é tentar mostrar ao cliente que o mercado financeiro não é uma ciência exata, como a medicina.

O mercado financeiro não é uma linha reta, é um eletrocardiograma.

Na bolsa de valores, as ações sobem e caem, mas isso é normal. Às vezes é preciso fazer um movimento nessas quedas, mas, na maioria dos casos, nada deve ser feito. Tudo acontece em um determinado tempo e é preciso ter tranquilidade para não realizar um prejuízo que será muito pior no futuro. Normalmente, no primeiro revés, o investidor iniciante se desespera, tira o dinheiro da carteira de investimentos, realiza o prejuízo e coloca tudo na poupança.

Por essa razão, ter o auxílio de um assessor coloca o investidor muitas casas à frente logo no início do jogo. Mas o jogo ainda não acabou, ainda temos o que aprender.

QUANTO VALE A SUA HORA?

Meu nome é Newton Andrade Junior, sou médico oftalmologista e trabalho com cirurgia refrativa e de catarata. Também sou presidente da Sociedade Norte-Nordeste de Oftalmologia e da cooperativa de oftalmologistas.

Conheci o Paulo Porto há muito tempo, quando ainda fazíamos cursinho preparatório para o vestibular, para entrar na faculdade de medicina. Foi uma época muita exaustiva e estressante em nossas vidas, mas firmamos uma irmandade e parceria muito fortes. Curiosamente, Paulo foi quem me apresentou a minha esposa e mais tarde tornou-se padrinho do meu filho primogênito.

Para mim, planejar significa pensar antes de fazer. Desde nossa época juntos no cursinho, eu gostava muito de ler, e nós conversávamos bastante sobre investimentos e planejamento financeiro. Começamos a conhecer esse tema muitos anos atrás, enquanto ainda hoje é tão ignorado pelas pessoas. Fico feliz de ter contribuído de alguma forma para o crescimento de Paulo nessa área, assim como ele fez comigo.

Gestão de finanças sempre foi um tema de grande interesse para mim. Já pude acompanhar de perto colegas médicos que tinham um faturamento muito alto e os vi passar por dificuldades devido à falta de planejamento financeiro. Portanto, aprendi que quem se organiza encontra conforto perante as situações mais difíceis e se torna capaz de aproveitar as boas oportunidades. Além do dinheiro,

O MERCADO FINANCEIRO NÃO É UMA LINHA RETA, É UM ELETROCARDIOGRAMA.

@DOUTORINVESTIMENTOS

ter um *planejamento para os seus filhos, para o seu casamento e até para o seu dia é fundamental.*

Quando li o livro Pai Rico, Pai Pobre, *indiquei-o para o Paulo e acredito que essa leitura marcou a sua história assim como marcou a minha. Foi nesse momento que nasceu em mim a semente do planejamento e da organização financeira. Buscar esse conhecimento foi essencial para o meu crescimento como pessoa e profissional. Acredito que quem procura aprender é aquele que tem humildade para assumir que não sabe de tudo e, assim, dá um grande passo para evoluir.*

Ao aprender a se planejar e organizar, todos os caminhos da vida se tornam mais fáceis. Uma rota bem traçada torna a jornada mais rápida e permite que o trajeto seja bem melhor e mais proveitoso. No mundo financeiro, aprender é construir o sucesso.

NEWTON ANDRADE JUNIOR

CAPÍTULO 5

MÉDICO TAMBÉM SE PAGA

O autopagamento e a capacidade de poupança

"A maioria das pessoas não entende que, quando se trata de ser rico, não é sobre quanto dinheiro você ganha. É sobre quanto dinheiro você mantém."

Robert Kiyosaki

Como mencionei anteriormente, para começar a investir e gerar uma renda passiva, primeiro você deve gerar uma quantidade de dinheiro suficiente para bancar as suas despesas. Mas, para isso, precisa acumular!

O melhor momento para acumular é durante o intervalo de tempo em que a sua atividade laboral está no máximo, quando você está com toda a sua capacidade de produção e, com isso, aumentando a quantidade de renda ativa que entra, para poder poupar e investir. O período exato muda de acordo com a profissão e até de pessoa para pessoa.

Este, porém, é um momento delicado, porque é normalmente quando você assume vários riscos, constrói uma família, e, ao começar a investir, surgem alguns medos. Entretanto, vários desses medos não passam de mitos.

Uma das primeiras coisas que costumo ouvir é que investir é difícil e que é só para quem tem muita grana! Mas isso tudo é mentira. Na verdade, a maior dica que posso dar para qualquer um é que comece o quanto antes!

O aporte, a quantidade de dinheiro que você tem para investir, é importante? Sim, claro, não posso dizer que não é. Mas ainda mais importante é perceber que os juros compostos funcionam de uma forma exponencial.

Ter uma rentabilidade boa é importante, mas o tempo é a única variável exponencial!

Isso significa dizer que, quanto mais cedo você começar a investir, mais chance terá de alcançar o seu objetivo.

Quando você está no máximo da sua capacidade de produção, a sua renda passiva ainda é baixa, mas vai chegar um momento em que a curva vai virar, e você vai diminuir o ritmo de produzir e gerar renda ativa, até que esta acabe aos poucos e a renda passiva esteja alta o suficiente para te bancar. No gráfico a seguir, perceba essa dinâmica entre renda ativa e passiva ao longo do tempo.

Origem da renda

Este é o grande objetivo de quem investe.

Diminuir a renda ativa e aumentar a passiva é um processo natural, já que, quanto mais avançarmos na idade, menos tempo quereremos ou poderemos dedicar ao trabalho. Para que isso aconteça, você precisará se preparar desde cedo e montar uma boa carteira de investimentos, para conseguir gerar exatamente a renda passiva que possa te sustentar com tranquilidade no futuro.

É neste momento que normalmente alguém me pergunta: "Tá, mas como é que eu faço isso?". Tudo começa com um termo chamado autopagamento. Esse termo é fruto do livro *Pai Rico, Pai Pobre*, de Robert Kiyosaki.

Li essa obra no seu lançamento, nos anos 2000, e foi uma história no mínimo engraçada. Lembro que, na época, estava em um cursinho preparatório para o vestibular de medicina e precisava ler dez livros para a prova de português.

Uma vez, um amigo veio até mim e me perguntou: "Paulo, você já leu um livro chamado *Pai Rico, Pai Pobre*?".

Confesso que estranhei um pouco e perguntei: "Rapaz, vai cair no vestibular? Esse aí não tá na lista, *não, tá?!*".

Ele me respondeu: "Tá não, cara".

"Então, por que eu leria?", logo respondi.

Meu amigo concluiu: "Paulo, esse livro te ensina a ser rico!".

Na mesma hora, meus olhos brilharam. Pensei: *É mesmo?! Vou ler esse livro é agora*. Deixei de lado os livros do vestibular e fui ler *Pai Rico, Pai Pobre*. Um dos grandes insights que trago comigo é o conceito de autopagamento. O autor do livro faz questão de enfatizar que você precisa se pagar primeiro.

Falo sobre isso porque, para montar qualquer planejamento financeiro ou qualquer carteira de investimentos, é imprescindível saber exatamente o que é capacidade de poupança e sua relação com o autopagamento.

Capacidade de poupança é exatamente o valor que você ganha, subtraindo tudo o que gasta. É tão simples quanto uma equação de primeiro grau de duas variáveis, nenhum segredo.

Capacidade de poupança é igual a valor ganho menos valor gasto.

Para que eu melhore minha capacidade de poupança, preciso necessariamente ganhar mais, ou então gastar menos. No melhor dos dois mundos, unir as duas coisas.

Mas como fazer para ganhar mais e gastar menos?

A primeira até já comentei, *invista em você mesmo, em conhecimento*, porque isso fará com que naturalmente ganhe mais. Além disso, você pode fazer outras atividades, além da principal, que já faz.

Como médico, por exemplo, além de atender em clínica e dar plantões, você pode dar um curso, fazer um trabalho de consultoria; enfim, quanto mais conhecimento você possuir e mais bagagem de vida tiver, mais possibilidades terá de aumentar sua renda ativa.

Pensando no médico plantonista, é interessante observar que dar plantões pode ser uma estratégia de aumentar a capacidade de poupança. Entretanto, não é isso que costuma acontecer. Pelo contrário, o médico se sabota ao entrar no ciclo vicioso que já abordei e se exaure. Não tem mais vida fora desse ciclo vicioso, se estressa, se inflama e adoece, sem nem mesmo ter um seguro. Às vezes, até mesmo falece e acaba deixando a família sem nada e cheia de dívidas.

Obviamente que você pode gastar seu dinheiro, fazer coisas que lhe deem prazer. A vida é para ser vivida! Portanto, escolha. Você quer ter o carrão de marca? Ok, tenha o carro de marca, mas escolha apenas isso e encontre o equilíbrio para o resto, tente o meio-termo.

A segunda parte da equação da capacidade de poupança é *o valor que gasto*. Nessa variável, é igualmente importante saber quanto e como você está gastando o seu dinheiro, porque, muitas vezes, o valor que se ganha já está no teto, e não existe mais opção para aumentar a renda ativa; isso significa que você estaria impossibilitado de melhorar a primeira parte da equação da capacidade de poupança. Sendo assim, você precisa melhorar a segunda parte da equação, que corresponde ao seu custo de vida, pois ele é variável.

É possível usufruir de uma boa qualidade de vida sem precisar gastar muito e vivendo de forma simples. Veja, por exemplo, Mark Zuckerberg, CEO do Facebook e multibilionário, que está sempre vestido de camiseta de malha e calças jeans. Por outro lado, você pode ter uma péssima qualidade de vida gastando muito. Tudo dependerá das suas escolhas.

O problema é que o brasileiro tem um costume de lidar com suas finanças da seguinte forma: ele recebe o salário, paga as contas, e o que acontece em seguida? Às vezes, sobra algum dinheiro, mas normalmente não sobra. E, quando sobra, o que ele faz? Ele inventa uma nova compra. Esse comportamento é bem típico.

Nesse sentido, a ideia de autopagamento é essencial, porque ela obriga a pessoa a se pagar primeiro. Afinal, quem é a renda ativa de todo esse planejamento? É você. Quem tra-

TER UMA RENTABILIDADE BOA É IMPORTANTE, MAS O TEMPO É A ÚNICA VARIÁVEL EXPONENCIAL!

@DOUTORINVESTIMENTOS

balhou tanto para isso? Você. Quem está dando plantão de madrugada? Você. Então o que é mais importante: o boleto ou você? Raciocinar dessa forma o fará conseguir virar a chave da capacidade de poupança de maneira fantástica, pois, a partir desse momento, antes de consumir sua renda com qualquer outra coisa, você pensará em qual valor você destinará para o seu autopagamento: 10%, 20% ou 30% da sua renda. É você quem escolhe.

Suponha que o dr. José ganhe dez mil por mês. Se ele determinar que o seu autopagamento será 20%, então seu modo de pensar, agir e consumir não será pautado em cima de uma renda de dez mil, mas sim em uma renda disponível de oito mil, pois os dois mil restantes já serão destinados, sem falta, para sua *capacidade de poupança*.

Observe atentamente a grande virada de chave que esse comportamento proporciona. Quando o dr. José tinha em mente que ganhava dez mil, todos os seus gastos eram baseados nisto: nas roupas que comprava, nas viagens que planejava, no carro que utilizava, e, assim, facilmente os dez mil eram consumidos. Porém, a partir do momento em que o doutor passou a comprar bens pensando em uma renda de oito mil, aí não tinha como dar errado, não tinha como deixar de lado o autopagamento.

Após conquistar esse hábito, a sensação será tão gratificante que você cada vez mais vai buscar meios para aumentar esse percentual poupado ou para ganhar mais e não modificar tanto a sua qualidade de vida. E esse é um ponto muito importante!

O fato de você poupar não significa que você vai perder sua qualidade de vida.

Eu sempre digo que você precisa manter sempre, pelo menos, duas coisas que te dão muito prazer. Eu, por exemplo, adoro viajar, principalmente com a família. E mais ainda: adoro viver as experiências gastronômicas dos lugares a que vou. As viagens que planejo quase sempre são ligadas à rotina gastronômica. Eventualmente, existe um monumento, um museu, a Torre Eiffel do lado do restaurante, por exemplo, em que passamos para conhecer. Mas viajar e ter boas experiências gastronômicas foram as duas coisas que eu elegi como importantes para mim. Você precisa ter a sua válvula de escape, sua coisa importante.

Em certos momentos, precisamos abrir mão da matemática das coisas e da economia, para gastar mesmo, ter aquela sensação de felicidade de dizer: "Isso aqui é bom! Vou ganhar mais dinheiro para fazer isso mais vezes!". Até porque, se você viver sempre de restrições, se preocupando com cada mínimo gasto, não vai conseguir viver tranquilo.

Não se esqueça de melhorar o máximo que puder a sua capacidade de poupança, pois isso vai fazer uma grande diferença no longo prazo. Ao fazer seu autopagamento, além de diminuir gastos desnecessários, você criará regularidade, constância, um hábito. Quando isso acontece, tudo flui e começa a dar certo.

O gasto que indico que observe não é o corte do seu cafezinho, refiro-me àqueles juros que paga ao cartão sem necessidade e os financiamentos exorbitantes e sem lógica, em que você sempre perde muito dinheiro.

Os juros compostos são a oitava maravilha do mundo — quando funcionam a nosso favor, e não contra nós!

Para que pagar juros absurdos ao banco para comprar uma casa, carro ou o que for, se posso fazer a mesma coisa, ganhando renda passiva em uma carteira de investimentos? No lugar de pagar juros ao banco, eu ganho juros para mim, o que faz muito mais sentido!

Depois que você compreender bem o que é essa capacidade de poupança, que é o valor ganho subtraído do valor gasto, precisará *otimizar essa capacidade, deixá-la recorrente, contínua.*

Todo mês, faça chuva ou faça sol, não importa o que aconteça na sua vida, a capacidade de poupança deve existir. Caso contrário, você dificilmente conseguirá fazer os aportes necessários na sua carteira de investimentos, que é o que vai gerar a sua renda passiva, como uma prestação.

Essa prestação é o que chamo de autopagamento.

Quem trabalha e dá duro somos nós, correto? Mas, em vez de olharmos para nós mesmos como uma pessoa, precisamos nos ver como uma empresa — como um CNPJ, e não um CPF.

Deixe-me explicar a analogia. Uma empresa bem gerida possui um faturamento, e os sócios devem receber um pró-labore, que é como um salário do dono. Eu sugiro que você faça a mesma coisa com você. Quando receber seu salário, estipule o quanto você merece ganhar, já que deu duro por isso. Você pode começar com algo entre 10%, 20% ou 30% da quantia. O importante é ter uma capacidade de poupança recorrente.

Supondo que um médico ganhe cinquenta mil por mês, esse é o seu faturamento. Se o seu autopagamento for de 30%, quinze mil será o valor separado para sua poupança. Assim, você precisará se programar para viver com 35 mil. Com o tempo, vai notar que não vai elevar o nível de vida sem necessidade, porque fará suas compras pensando no orçamento de 35 mil. Aos poucos, a sua mentalidade vai se acostumar com isso.

Naturalmente, você passará a gostar de economizar, porque se tornará um hábito, algo praticamente automático. Não quer ou não pode começar com 30%? Tudo bem, comece com 20%, com 10%, o importante é começar!

O caminho mais curto para o enriquecimento é o longo prazo.

Isso tem tudo a ver com o que falei anteriormente sobre o tempo. Uma dica que dou é que comece cedo e se organize, que tudo vai dar certo eventualmente.

É interessante também que essa capacidade de poupança do autopagamento seja crescente. Se você trabalhar mais ou ganhar mais e conseguir cortar as compras supérfluas, vai entrar no ciclo virtuoso do mercado financeiro.

Outra coisa que ajuda bastante nesse ciclo virtuoso é *diminuir passivos e aumentar ativos*, como já abordei no terceiro capítulo. Para relembrar, quando você compra um apartamento, um imóvel, por exemplo, está adquirindo um passivo. Quando você compra um carro, também.

Passivos são dívidas de curto ou longo prazo, gastos e despesas. Envolvem tudo que faz sair o dinheiro do seu bolso.

Eu costumo dizer que carros são os piores investimentos da face da Terra. Quando você compra um carro zero, direto da fábrica, no minuto em que o pneu encosta na rua, ele já perdeu pelo menos 15% do valor. Depois será preciso pagar vários impostos, que, a depender do carro, podem ser bem caros. Isso sem falar de seguro, blindagem e por aí vai. Além disso tudo, regularmente você precisa fazer manutenção, trocar óleo, pôr combustível, mandar lavar, a lista não tem fim!

E ainda tem quem faça essa aquisição via financiamento, o que quer dizer que está pagando juros altíssimos. Um bem que custava duzentos mil, com financiamento, rapidamente passa a custar trezentos mil, mesmo que pouco tempo depois tenha seu valor reduzido a apenas cem mil, enquanto o dono continua a gastar com manutenções, adicionais e impostos! Por isso que digo que ele é um passivo que pode prejudicar muito a vida financeira de uma pessoa.

Por outro lado, o ativo de que mais gosto são os investimentos de uma carteira sólida e bem construída, pois, quando você consegue formar essa carteira, a sua renda aumenta e você entra no ciclo virtuoso.

Ativos são bens e direitos, recursos e receitas geradores de capital. Envolvem tudo que promove entrada de dinheiro no seu bolso.

Depois de todo esse processo de fazer o seu planejamento financeiro propriamente dito, você provavelmente já entendeu como funciona a pirâmide do mercado financeiro e o período de acumulação, identificou como melhorar os gastos e aprendeu sobre a capacidade de poupança.

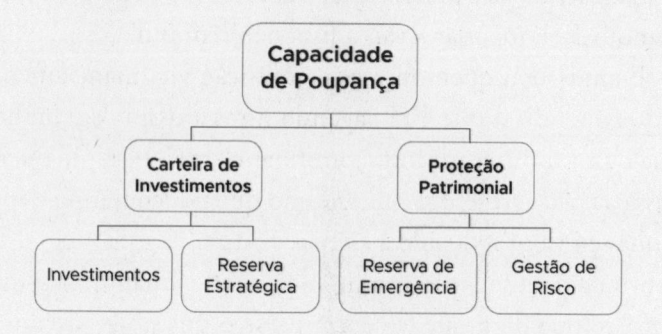

```
                    Capacidade
                    de Poupança
                   /            \
         Carteira de          Proteção
         Investimentos        Patrimonial
          /      \             /        \
  Investimentos  Reserva    Reserva de   Gestão de
                 Estratégica Emergência  Risco
```

Ao formar uma capacidade de poupança, você terá basicamente dois objetivos a atingir: *formar a carteira de investimentos* propriamente dita e *estruturar a proteção patrimonial*.

Esses dois objetivos serão apresentados ao longo deste e do próximo capítulo.

Começando com o primeiro objetivo, para fazer a carteira de investimentos, você precisará entender primeiro o que é a *reserva estratégica*. Quando você começa a investir, é natural que exista um nervosismo, um certo receio inicial.

Reserva estratégica nada mais é que uma quantidade de dinheiro que permanecerá em sua conta à espera de oportunidades que surjam no mercado.

Digamos que você chega ao seu consultor, mostra seu aporte e ele monta com você uma estratégia, de acordo com seus objetivos. Mas ele deixa um valor, digamos que uns cinquenta mil, parado na conta, de forma diferente de todas as outras aplicações da sua carteira.

O que acontece em seguida é você querer ligar para o consultor e dizer: "Cara, você fez algo errado aqui. Deixou uma quantia parada, e eu não tô ganhando nada com isso!".

Quando isso acontecer, mantenha a calma. Esse valor é exatamente a sua reserva estratégica ou reserva de oportunidade. Como o nome já diz, ela serve para ser utilizada apenas em momentos estratégicos, a fim de possibilitar a sua entrada em alternativas interessantes de investimentos que surgirem no mercado e que ficarem disponíveis subitamente, por pouco tempo.

O neoinvestidor quer sair aplicando todo o seu dinheiro de uma única vez, porém, às vezes, o melhor que se pode fazer é não fazer nada.

Quem já está inserido no mundo dos investimentos vai entender bem essa situação. Existem alguns produtos considerados muito bons, como fundos de investimentos, que fecham em determinados períodos e só abrem eventualmente, para captar dinheiro.

Um *fundo de investimentos* funciona como um condomínio, vários investidores se juntam com um objetivo em comum e colocam seu capital em um fundo, por meio da compra de cotas. Todo o capital depositado pelos investidores será gerido por profissionais do mercado financeiro que serão responsáveis por criar e executar estratégias de investimento, conforme as características determinadas no regulamento daquele fundo.

Se um fundo ficar com um volume de recursos grande demais, o gestor pode não ter maleabilidade de trabalhar com aquele dinheiro e melhorar a sua rentabilidade, por isso, de tempos em tempos, ele fecha a captação de recursos.

De vez em quando, esses fundos reabrem para captação, motivados por uma crise que prejudicou o mercado ou pela saída de dinheiro. Quando isso acontece, a grande questão é que os melhores fundos passam pouco tempo abertos, tamanha é a procura por eles, então, caso esteja com o seu dinheiro todo preso, sem liquidez, no momento que surgir uma oportunidade como essa, você a perderá por não ter uma reserva estratégica.

Você pode, inclusive, deixar essa reserva em um fundo de liquidez diária, que tenha um rendimento baixo, mas que está sempre à disposição e que é de fácil acesso, para aproveitar uma oportunidade de mercado que eventualmente surja.

Claro que, quando for montar sua estratégia de investimento, você precisará observar o seu estilo. Eu, particularmente, sou do tipo mais agressivo, então costumo usar a minha reserva estratégica para comprar ações. Momentos assim acontecem quando, por exemplo, uma empresa sólida no mercado, com bons fundamentos e saudável, sofre diminuição do preço de suas ações com a saída de uma nota na mídia, por exemplo. Assim, de repente as ações dessa companhia caem 15% do dia para a noite. Eu vejo essa situação como uma oportunidade, porque essas notícias costumam gerar muita comoção provisoriamente, mas em pouco tempo o preço da ação volta ao normal, visto que a empresa continua com operações sólidas no mercado. Com isso, eu consigo comprar uma ação mais barata do que vale costumeiramente.

Lidar com ações é saber que, se acontecer algo no cenário social ou político, e a bolsa despencar, logo ela poderá voar novamente. É preciso saber analisar a conjuntura para aproveitar as oportunidades e ir às compras!

Muitas vezes, as melhores oportunidades aparecem nos momentos de crise no mercado. Para identificar isso, claro, é preciso ter o mínimo de conhecimento sobre o assunto. Você se lembra do que comentei sobre a base da pirâmide ser o conhecimento? Obviamente que você não precisa estudar tudo sobre o mercado financeiro e a bolsa de valores e virar um expert na área, uma vez que seu campo de estudo e atuação mesmo é a medicina. Para isso, serve ter uma boa assessoria, que vai orientá-lo e guiá-lo nas decisões e dúvidas e, principalmente, nas oportunidades que surgirem no mercado.

Como médico, você está lá, dando plantões, trabalhando na sua clínica ou como for. Não tem como estar 24 horas ligado ao que acontece com o mercado financeiro. Nessa hora é que se faz tão importante a *ação de um assessor*, que cuida da sua carteira de investimentos e se preocupa com o rendimento do seu dinheiro. Uma assessoria boa sabe qual é o seu perfil de investidor, qual a sua estratégia e como você costuma investir. No dia em que aparecer um movimento de mercado que seja uma boa oportunidade para o seu perfil, dentro da sua estratégia, ele saberá quanto você tem de grana esperando para isso. Assim, poderá ligar para você e orientá-lo sobre o assunto para, com sua autorização, fazer o investimento.

Novamente, você não precisa saber de tudo! Mas precisa ter o básico de conhecimento, até mesmo para conseguir dialogar com a assessoria quando preciso, evitando ser apenas uma esponja que absorve e diz sim a tudo; você precisa entender o processo, para tomar decisões por si mesmo.

Muitas vezes, outros médicos me veem falando de investimentos e ficam surpresos. A questão é que quero que outras pessoas como eu se sintam seguras e confortáveis para entender mais sobre o assunto, para começarem também a investir e poderem se livrar da vida dos plantões infinitos.

Entre os profissionais liberais, o médico é um profissional que consegue ter uma boa renda. Abaixo dos empresários e herdeiros, é um dos profissionais mais bem remunerados. Além disso, o profissional da saúde sempre tem o plantão como subterfúgio e como segurança — mesmo que seja também uma falsa segurança. Ele sempre acha que não precisa ter capacidade de poupança nem fazer o autopagamento, porque tem o plantão como sua ferramenta para lidar com emergências.

A imensa maioria dos médicos, em algum momento da vida, esquece que a moeda corrente do Brasil é o real e passa a acreditar que é o plantão e a reger sua vida segundo essa crença. E é assim que o orçamento inevitavelmente foge do controle.

O médico precisa poupar? Se quiser ter sossego e tranquilidade, a resposta é sim!

Se o investidor for mais moderado, uma das estratégias que ele poderá usar será investir em *fundos multimercado*.

Como expliquei anteriormente, os melhores fundos multimercado normalmente fecham para a captação de dinheiro. Um fundo fecha porque precisa trabalhar dentro de uma margem de capital. Se o gestor opta por gerir um fundo de cinquenta bilhões, essa é a margem com que considera conseguir trabalhar e empregar rentabilidade para o cliente que o escolheu. Se ele achar que conseguirá dar conta dessa quantia, ao atingir esse valor de captação, logo fechará o fundo, que permanecerá fechado por tempo indeterminado. Isso acontece porque, se quiser trabalhar com cinquenta bilhões, a tendência é que esse valor aumente. Ao realizar um bom trabalho, os cinquenta bilhões crescerão ainda mais, porque irão gerar rendimentos.

Entretanto, pode acontecer um fenômeno de mercado, uma mudança na alocação de ativos do fundo, uma catástrofe no mercado financeiro ou saques inesperados de clientes que talvez precisem do dinheiro naquele momento. Diante de alguma dessas situações, pode ser que esse fundo diminua aquele limiar inicial de cinquenta bilhões. Ao chegar a 49 bilhões, ele abrirá novamente para captação. Todavia, a gestão e a performance daquele fundo são tão boas que ele pode ficar aberto por apenas uma hora ou menos. Já vi um fundo excelente que passou somente quatro minutos aberto e captou um bilhão de reais.

Se o investidor não tiver dinheiro livre para investir em um excelente fundo como esse, perderá uma grande oportunidade de ter um retorno de 80% até 100% em dez anos, porque é um fundo bem gerido.

Para compreender melhor essa situação e o tamanho da oportunidade perdida, imagine que desejo comprar um apartamento, quero mudar para um bairro nobre e encontrei um apartamento excelente em localização privilegiada. O imóvel custa quinhentos mil reais. Visitei o local diversas vezes e vi vários apartamentos vendidos por esse mesmo valor. No entanto, um dos moradores do prédio teve um problema conjugal e está em processo de separação muito sério. Nesse caso, o dono tem muita pressa em vender seu imóvel. Então, aquele apartamento que custa quinhentos mil está sendo vendido pelo casal por 350 mil, pois querem acelerar ao máximo a transação. Se tenho essa quantia guardada, poderei realizar uma fantástica compra e economizar 150 mil.

Isso é ter uma reserva estratégica que tantos resistem a se dedicar a construir. Poupar dinheiro para aproveitar em uma oportunidade que nem se sabe qual é realmente é difícil, mas não ter dinheiro guardado certamente significa perder uma boa chance em algum momento da vida.

Quando o investidor começa a sua trajetória, pode se dar o direito de ser arrojado somente se tiver uma boa capacidade de poupança e um autopagamento bem construído.

Quando comecei a investir, pensava que todo investidor era arrojado, inclusive os maiores e mais ricos. Minha percepção mudou quando fui convidado para um evento de investidores profissionais. Aprendi que o investidor profissional é alguém que tem mais de dez milhões de reais investidos, enquanto o investidor qualificado é aquele que tem acima de 1 milhão, e o investidor comum é quem tem algum valor inferior a 1 milhão.

Fui para essa aula totalmente empolgado, porque achava que o investidor profissional iria me mostrar produtos incríveis e estratégias arrojadas para multiplicar seus dez milhões em vinte milhões em questão de três ou quatro anos. Quando saí da palestra, foi de cabeça baixa, meio triste, e as pessoas me perguntaram se eu não tinha gostado. Disse que não tinha achado muito interessante.

Na verdade, entendi que o investidor profissional quer manter os seus dez milhões em segurança. Então, passei quase uma hora ouvindo sobre renda fixa e outros investimentos para ganhar uma porcentagem muito baixa. Entendi que esse grande investidor não está no mercado a fim de encontrar o produto mais diferenciado do momento. Ele está lá para criar uma estratégia para gerar uma renda passiva que lhe seja suficiente. Como a quantia investida é muito alta, menos porcentagem será necessária para obter um retorno considerável. Por exemplo, ele tem dez milhões e consegue retorno de 1% ao mês. Dessa forma, já tem seu salário de cem mil reais na sua conta. Por qual motivo ele iria atrás de 10% de rentabilidade e se arriscar muito mais? Quanto maior o capital, mais faz sentido ser conservador. Foi exatamente isso que aprendi naquela aula, enquanto pensava que veria exatamente o inverso. No mundo dos investimentos, nem tudo se trata de saídas e produtos para multiplicar capital, também se trata de segurança, e muitos não sabem disso.

QUANTO VALE A SUA HORA?

Meu nome é Kécya Luz, sou médica especialista em oftalmologia e atuo na área de plástica ocular. Conheço o Paulo Porto há mais de sete anos, e nosso primeiro contato foi com ele trabalhando na função de médico anestesista.

Antes de ser oftalmologista, eu me interessei em comprar ações e abrir contas quando ainda morava em Salvador. Logo percebi que Paulo gostava da área de investimentos, e passamos a trocar algumas ideias sobre o assunto. Ele tem um amplo domínio desse tema e é bem didático em suas explicações, por isso o procuro para esclarecer algumas dúvidas e costumo seguir suas orientações. Nós nos encontramos semanalmente, sempre às quintas-feiras, no centro cirúrgico, e inevitavelmente recebo dele algumas dicas sobre fundos, previdência e seguros.

Paulo tem uma boa visão e um perfil de investidor confiável. Além disso, consegue transmitir seu conhecimento com facilida-

de para que pessoas leigas possam entender e se aprofundar no mundo dos investimentos. Sempre apontei essa sua qualidade e fico feliz em ver o quanto ele se dedicou a essa área a ponto de criar o Doutor Investimentos.

    O Paulo anestesista é em quem eu confio para entregar a saúde de um paciente durante uma cirurgia, pois é um profissional ímpar, muito capacitado. O Paulo pai é alguém sem precedentes, pois não mede esforços para garantir o bem-estar de suas filhas e esposa. O Paulo investidor possui uma habilidade inata de ensinar seu conhecimento e expertise em investimentos para amigos e várias outras pessoas do meio médico que se interessam em entrar nesse universo. Ele é confiável e bastante transparente. Todos que têm a oportunidade de conversar com ele podem assegurar isso. Embora tenha um perfil arrojado, enquanto sou mais conservadora, sou muito fã do seu trabalho.

Kécya Raíssa Barros Luz

CAPÍTULO 6

VÁRIOS CAMINHOS, UM SÓ OBJETIVO

Trilhando o caminho do investidor bem-sucedido

"O tamanho do seu sucesso é medido pela força do seu desejo, o tamanho do seu sonho é como você lida com a decepção ao longo do caminho."

Robert Kiyosaki

Retomando o fluxo da capacidade de poupança, uma vez que o colega médico realizar o autopagamento, terá dois objetivos a atingir: montar sua carteira de investimentos e estruturar sua proteção patrimonial. No caminho da carteira de investimentos, já tratamos no capítulo anterior sobre a reserva estratégica. Agora, falaremos sobre os *investimentos propriamente ditos.*

Para quem está começando a investir, antes de mais nada, sugiro fortemente que procure traçar o seu perfil de investidor. Até já falei sobre isso anteriormente, mas esse é um aspecto tão importante que senti a necessidade de ressaltá-lo.

Você pode se descobrir um investidor conservador, moderado ou arrojado. Mas, afinal de contas, para que serve isso? Primeiro, autoconhecimento! Quem não se conhece pode acabar deslizando em algumas "cascas de bananas" que existem no mundo dos investimentos.

Claro que esses perfis não são rótulos imutáveis, como fotos num mural de família. É bem possível, e até mesmo provável, que o seu perfil mude com o tempo e o amadurecimento na área. De acordo com a fase da vida pela qual você passa, o seu perfil se adequa, se transforma.

Quando você ainda é novo, é comum ter um perfil mais arrojado, mais aventureiro, disposto a correr riscos maiores — inclusive, se algo "ruim" acontecer, você ainda terá bastante tempo para correr atrás dos prejuízos —, por isso, no início, começando ainda novo, você pode se dar ao luxo de ser mais arrojado.

Porém, ao se aproximar da fase do usufruto, o ideal talvez seja ser um pouco mais moderado ou, quem sabe, conservador. Isso é algo com que algumas pessoas se surpreendem, mas o fato é que os grandes investidores, que já estão há muito tempo nisso, preferem a segurança ao risco.

Se um investidor de perfil mais conservador colocar seu patrimônio em uma carteira arrojada e, no primeiro mês, dar azar e a bolsa cair, assim que ele visualizar toda a sua carteira no vermelho, vai se desesperar na hora e, provavelmente com medo, não vai querer esperá-la subir. Da mesma forma, eu, que tenho um perfil mais arrojado, se colocar o dinheiro todo numa carteira mais conservadora, de renda fixa, atrelada a alguma taxa de juros, verei os números mudando tão lentamente que vou me desesperar e vou querer sair! Por isso é tão importante se conhecer e entender do mercado para não tomar decisões precipitadas que lhe deem prejuízo.

Então, deixo uma regra de ouro para você: jamais assuma um perfil que você não suporta ter.

> **Após traçar o perfil, é importante pensar no "tripé dos investimentos". Para quase todo investimento que você vai fazer, terá de analisar três aspectos principais: segurança, rentabilidade e liquidez.**

Até hoje não vi nenhum produto que tivesse todas as três variáveis totalmente maximizadas; infelizmente isso não acontece. Veja só o exemplo da poupança. Ela é considerada como um investimento seguro e líquido, porque não existe carência ou prazo: na hora que você quiser, o dinheiro pode estar na sua mão. Porém, a poupança não entrega tanta rentabilidade.

Por outro lado, uma ação da bolsa de valores, a depender do papel, pode ser mais segura, no caso de uma empresa mais sólida, ou menos segura, no caso de empresas com menos tempo de mercado. Pode não ser rentável, a depender da economia, e pode não ser líquida — geralmente não é.

No caso dos fundos de ações, a depender da oferta e procura, os preços oscilam muito. Quando for montar a sua carteira, você precisará ter em mente esse tripé e, a depender do seu perfil, pensar numa estratégia com que se sinta confortável.

Tem um gráfico que gosto muito de mostrar em palestras, que exemplifica um pouco isso que mencionei. Ele mostra alguns tipos de investimentos categorizados de acordo com o risco de cada um.

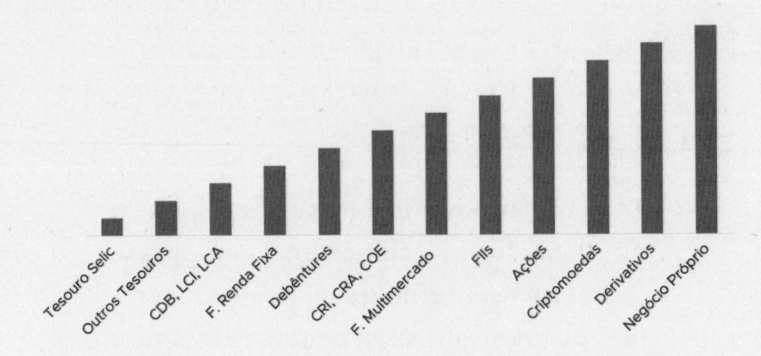

Bar chart labels (left to right): Tesouro Selic, Outros Tesouros, CDB, LCI, LCA, F. Renda Fixa, Debêntures, CRI, CRA, COE, F. Multimercado, FIIs, Ações, Criptomoedas, Derivativos, Negócio Próprio

Caso você já tenha algum conhecimento sobre investimentos, já está familiarizado com a "sopa de letrinhas", como costumo chamar. Desde os títulos públicos do Tesouro Direto[4], CDB[5], Debêntures[6], até o CRI[7] e CRA[8], listados na imagem, tem-se produtos de renda fixa. Por que são seguros?

---

4   O investimento em títulos públicos, via Tesouro Direto, funciona de forma simples: você empresta dinheiro ao governo e recebe de volta o rendimento com juros compostos. A rentabilidade desses títulos pode ser prefixada ou pós-fixada, ou seja, muda de acordo com a variação da taxa Selic ou IPCA ao longo do período de investimento.

5   O Certificado de Depósito Bancário (CDB) é um título de renda fixa emitido por um banco como forma de captação de recursos. Funciona como uma espécie de empréstimo, que o investidor faz para o banco em troca de uma remuneração.

6   Debêntures são títulos de dívida emitidos por empresas, exceto instituições financeiras ou de crédito imobiliário, por meio dos quais os investidores emprestam dinheiro e recebem juros e o valor principal.

7   O CRI é a abreviação de Certificado de Recebíveis Imobiliários. É uma alternativa para quem quer ter liquidez e segurança ao acessar o mercado imobiliário.

8   O Certificado de Recebíveis do Agronegócio (CRA) é um investimento de renda fixa que visa captar recursos para promover o financiamento do setor de agronegócio.

Porque, na renda fixa, a segurança do investimento está atrelada a dois principais fatores: previsibilidade de retorno e confiabilidade do emissor do título.

Os *investimentos de renda fixa* possuem a forma de rentabilidade definida desde o momento em que o investidor decide adquirir o título. Os papéis possuem rentabilidade prefixada ou pós-fixada atrelada a algum indicador (que geralmente é uma taxa de juros). Sendo assim, essa previsibilidade no retorno dá a esses investimentos uma segurança maior do que as alternativas de renda variável.

Além disso, ainda é possível estabelecer uma hierarquia de risco dentro da própria renda fixa, por meio da avaliação da confiabilidade do emissor do título, porque os investimentos em renda fixa funcionam basicamente como um empréstimo. Ao investir seu dinheiro em um título, o investidor, na prática, está emprestando seu dinheiro para quem emitiu aquele papel, em troca de receber seu capital acrescido de juros no futuro. Sendo assim, títulos mais seguros são aqueles em que o emissor é considerado um bom pagador, que tenha capacidade de honrar seu compromisso com os investidores.

Dessa forma, os títulos públicos são os mais seguros do mercado, porque são emitidos pelo próprio governo federal. Entende-se que, para o governo dar um calote nos investidores, a situação econômica já estaria em completo caos, e todas as outras empresas e bancos do país já teriam entrado em falência bem antes.

Adicionalmente, após os títulos públicos, os títulos bancários são considerados mais seguros, porque têm uma garantia, que é o FGC (Fundo Garantidor de Crédito). Esse fundo é de origem privada, e não pública, e protege o investidor que possui títulos de bancos, financeiras etc. Ele protege investimentos de até 250 mil reais, por CPF e por instituição bancária, no valor máximo de um milhão.

Isso quer dizer que, se você tiver um milhão de reais, um perfil extremamente conservador e quiser investir tudo em títulos de renda fixa emitidos por bancos, você terá a proteção do FGC. Na teoria, isso é muito bom! Porém, o que pouca gente sabe é que, caso aconteça uma grande catástrofe, como uma guerra, e o mercado se aniquilar, sabe quanto o FGC realmente garantirá de segurança para os seus 250 mil? Aproximadamente 3% do valor.

Claro que esse é um cenário extremo, muito improvável. Mas essa situação hipotética serve para ilustrar a diferença entre a capacidade de correr risco e a vontade de correr risco. Às vezes, um investidor opta por não investir em uma ação porque acha arriscado, escolhe um produto que é hipoteticamente mais seguro, mas pode cair diante de um título de um banco que dê calote e pode precisar acionar o FGC, enfrentando um processo burocrático para reaver o seu capital. Então, apenas considerar a existência do FGC na hora da decisão de investimento pode se tornar uma grande armadilha; afinal, não é porque você terá seguro no seu carro que você irá comprar um automóvel com pior capacidade nos freios.

Aquele médico que tem uma clínica ou um outro empreendimento qualquer não imagina que é muito mais arriscado ser empreendedor e tocar um negócio do que ter uma ação na bolsa de valores. É que muita gente não entende sobre o assunto, nem procura entender, e vê o mercado como um verdadeiro bicho de sete cabeças, mas isso não poderia estar mais longe da realidade.

Atualmente, as pessoas pensam muito em ter um negócio próprio. Mas quantas pessoas estão dispostas a investir? Com um pouco de estudo e estratégia, podem ver que o investimento é muito mais seguro.

Antes de apresentar os produtos de renda variável, é importante ressaltar algumas "cascas de banana" que podem existir na renda fixa e confundir o investidor.

Por se aterem ao nome "renda fixa", muitos investidores pensam que a rentabilidade dos investimentos é fixa e, por isso, nunca poderão perder dinheiro com esse tipo de ativo. Mas isso não é verdade! Não se engane, **é possível perder dinheiro na renda fixa.**

Quando se fala nos produtos de renda fixa, existem os que remuneram de acordo com uma taxa prefixada, enquanto outros remuneram por uma taxa pós-fixada.

Considere, por exemplo, um CDB prefixado com taxa de 11% ao ano, com vencimento no ano seguinte. Esse investimento garante que, após um ano, o capital investido será devolvido ao investidor com o acréscimo de 11%. Olhando apenas para esse número, o investidor pode pensar que está fazendo um bom negócio; afinal, um investimento seguro remunerando fixamente 11% parece bem atrativo. Porém, é preciso estar atento também ao valor da inflação. Se a inflação no período for de 10%, a rentabilidade real do investimento será de apenas 1%.

Preocupe-se em observar a taxa real do seu investimento e não a taxa nominal que aparece no aplicativo do seu banco ou corretora.

Para os investimentos pós-fixados, o racional funciona da seguinte forma: quando você tem uma taxa pós-fixada, significa que há um componente misto na rentabilidade do investimento. O seu ativo vai remunerar um percentual em cima de outro índice, que geralmente é uma taxa de juros como CDI[9] ou IPCA[10]. Dessa forma, se o indicador aumentar, seu investimento renderá mais. Se o indicador diminuir, seu investimento renderá menos.

É interessante destacar o IPCA, porque ele é, basicamente, o índice que mede a inflação do país. Então, quando você possui um título ligado ao IPCA acrescido por alguma porcentagem fixa, isso significa que você tem o seu dinheiro protegido, porque esse investimento garante um retorno pelo menos acima da inflação.

Em 1944, surgiu o Plano Real[11] com o objetivo de combater a hiperinflação da época. Se não houvesse inflação, um real nos dias de hoje valeria exatamente o mesmo que valia em 1994. Assim, pela lógica, cem reais de hoje valeriam o mesmo que cem reais em 1994. Porém, atualmente, no ano em que este livro foi escrito (2023), o "valor" de uma nota de cem, com a inflação acumulada, é de 13,43 — o que é o mesmo que dizer que o poder de compra da nota de cem é esse. Em

---

9   Os Certificados de Depósitos Interbancários são títulos emitidos pelos bancos como forma de captação ou aplicação de recursos excedentes entre si, regidos pela taxa DI.

10   O IPCA (Índice Nacional de Preços ao Consumidor Amplo) é um indicador de inflação calculado pelo IBGE (Instituto Brasileiro de Geografia e Estatística). Ele mede a variação dos preços de produtos e serviços consumidos pelas famílias brasileiras com renda entre um e quarenta salários mínimos.

11   O Plano Real foi um programa brasileiro lançado com o objetivo de estabilizar e reformar a economia, iniciado em 27 de fevereiro de 1994, com a publicação da medida provisória número 434, e implantado no governo Itamar Franco.

outras palavras, o que você conseguia comprar com 13,43 em 1994 você só conseguiria comprar hoje se tivesse cem reais.

Se você, investidor, não se defender pelo menos da inflação, com o tempo, o seu dinheiro parado no banco vai desaparecer!

Porque não adianta apenas ver o nominal, o número visível no extrato bancário, o que importa é o valor real, dentro da inflação, pensando no valor de compra.

Muitas vezes, quem começa a investir fica muito preocupado e focado no número que vê na tela do aplicativo. Quer ver que ganhou tal porcentagem por ano e está lucrando com seus produtos. Porém, se você se esquecer de olhar para a inflação, que é exatamente essa diferença da taxa nominal para a real, você poderá estar se enganando em relação a esse ganho. Por isso, sempre que for analisar um investimento, você precisará começar tirando a taxa da inflação.

São exemplos de renda fixa: títulos do Tesouro Selic, LCI, LCA, que são letras de crédito imobiliário e do agronegócio, respectivamente, CDB, CRI e CRA, que expliquei anteriormente, etc.

Outro ponto de atenção para os investimentos em renda fixa é a marcação a mercado. Por essa ótica, o investidor pode perder dinheiro na renda fixa, por isso é tão importante conhecê-la.

Idealmente, o investidor deveria aplicar seus recursos e resgatá-los apenas no vencimento dos títulos. Dessa forma, conseguiria "travar o risco", garantindo que será remunerado exatamente de acordo com o modelo de rentabilidade estabelecido na data de aquisição do papel. Porém, existem títulos com maior liquidez, que permitem o resgate do capital de forma antecipada. A liquidez é um grande benefício, porém, em determinados momentos, fazer um resgate antecipado pode resultar em prejuízo por causa da marcação do mercado.

Considere um médico chamado dr. Antônio, que comprou, em fevereiro de 2020, um CDB prefixado que remunera 5% ao ano, com vencimento em cinco anos e carência de sessenta meses, ou seja, apenas após sessenta meses o investimento passa a ter liquidez, podendo ser resgatado a qualquer momento. Porém, o colega precisou resgatar o dinheiro em 36 meses. O que fazer? A única alternativa é tentar negociar o título no mercado secundário, ou seja, vender para outro investidor.

Porém, o cenário mudou desde a aquisição do título. Em fevereiro de 2020, a taxa básica de juros da economia era 4,25% ao ano, o que significa que um título que remunerava 5% ao ano era vantajoso. Porém, 36 meses depois, em fevereiro de 2023, a taxa de básica de juros era de 13,75% ao ano, enquanto o título do colega rende apenas 5% no mesmo período.

Quem deseja comprar o título do dr. Antônio? Absolutamente ninguém! Existem opções muito melhores no mercado.

Isso faz com que o preço do título do dr. Antônio despenque. Pode até existir alguém que queira comprar, mas essa pessoa estará disposta a pagar muito pouco por esse investimento, um valor muito inferior ao que o colega médico investiu em 2020. Porém, como está precisando do dinheiro, o dr. Antônio vende o papel por um preço ínfimo e fica com um prejuízo enorme.

Por esse motivo é tão importante ser bem orientado nos investimentos e não subestimar o aconselhamento de profissionais qualificados no mercado.

Seu patrimônio é reflexo da sua história, é fruto do suor do seu trabalho e da dedicação do seu tempo, por isso não pode ser investido de qualquer maneira e ficar à mercê da sorte.

SEU PATRIMÔNIO É REFLEXO DA SUA HISTÓRIA, É FRUTO DO SUOR DO SEU TRABALHO E DA DEDICAÇÃO DO SEU TEMPO, POR ISSO NÃO PODE SER INVESTIDO DE QUALQUER MANEIRA E FICAR À MERCÊ DA SORTE.

@DOUTORINVESTIMENTOS

Agora, entrando na *renda variável*, também existem várias opções de investimento disponíveis, as quais devem ser escolhidas de acordo com o seu perfil de investimento.

Quando a taxa de juros de um país está baixa, a tendência é que mais pessoas comecem a investir em renda variável, pois a remuneração na renda fixa estará pouco atrativa. Além disso, taxas de juros baixas estimulam o consumo das pessoas, permitindo acesso ao crédito, queda nas taxas de financiamento, entre outros efeitos. Com isso, as empresas lucram mais. Qual a consequência de tudo isso? A bolsa de valores cresce, explode!

Os produtos mais conhecidos hoje são as ações e os fundos de investimentos. Fundos de investimento multimercado normalmente têm produtos diversos. Num mesmo fundo, pode haver produtos de renda fixa e renda variável, como títulos públicos, ações, opções, derivativos, ouro, entre outros. Dentro dos fundos de investimentos, existem ainda os fundos de ações, que, como o nome bem diz, investem prioritariamente em ações. No Brasil, para um fundo ser considerado "de ações", precisa ter no mínimo 67% do patrimônio do fundo alocado em ações, e o restante pode ser em outros produtos. Ademais, existem os fundos imobiliários, bastante conhecidos pela sua característica de remunerar o investidor por meio do pagamento de dividendos mensais e isentos de imposto de renda. Esse tipo de investimento é frequentemente utilizado por quem deseja receber renda passiva recorrente.

Um ponto de atenção nos fundos imobiliários é a sua relação com a taxa Selic. Quando a taxa aumenta, a cota do fundo tende a cair por motivos como o aumento do custo para tomar crédito, o que dificulta a construção e aquisição de imóveis. Dessa forma, com a perspectiva de desaquecimento do setor imobiliário, o preço das cotas se desvaloriza, embora o investidor continue a receber os dividendos. Portanto, é preciso compreender que fundos imobiliários, embora oscilem menos que as ações, também são produtos de renda variável e estão sujeitos à volatilidade.

O mercado futuro também faz parte da renda variável; é quando você investe no mercado de gado, café, milho, commodities.

O ouro é outro tipo de renda variável. Algo interessante a se considerar é que, desde que o mundo é mundo, desde o princípio do uso do dinheiro, ouro é ouro. Ele foi sempre considerado valioso, independentemente das mudanças sociopolíticas e do lugar do mundo, e é usado por alguns, inclusive, como uma segurança emergencial. O ouro significa estabilidade, segurança. Acredite, quanto mais caótica estiver a situação do mundo, mais as pessoas vão atrás de ouro — porém, no caso de uma catástrofe, essa segurança só vale se você tiver as barras de ouro guardadas em casa! Em um caso assim, se o ouro estiver lastreado em algum título, não servirá de nada.

O Bitcoin, por outro lado, é a onda do momento, a criptomoeda, o "ouro digital". O bom dele é que, no caso da catástrofe hipotética, você não perderá nada, ele estará sempre lá, guardado na sua *cold wallet* (armazenamento offline), na nuvem ou na corretora.

Na história do mundo e dos filmes de ficção científica, ninguém nunca fez fortuna, ficou rico, investindo em renda fixa.

Já na renda variável, existem vários exemplos!

Na renda variável, a chance de ganhos é sempre maior, por isso ela é uma opção bastante interessante para diversificar sua carteira e melhorar os ganhos. Pensando em ações, lembre-se de que a renda variável deve ser sempre analisada a longo prazo!

Se você for para o mercado de ações com pensamento de curto prazo, a chance de se frustrar é absurdamente alta, praticamente 100%. Isso porque, num período qualquer de curto prazo, o gráfico de variação das ações parece uma montanha-russa, sobe e desce muitas vezes! Perceba, nos gráficos a seguir, a diferença entre acompanhar a cotação do Ibovespa todos os dias e acompanhar apenas uma vez por ano.

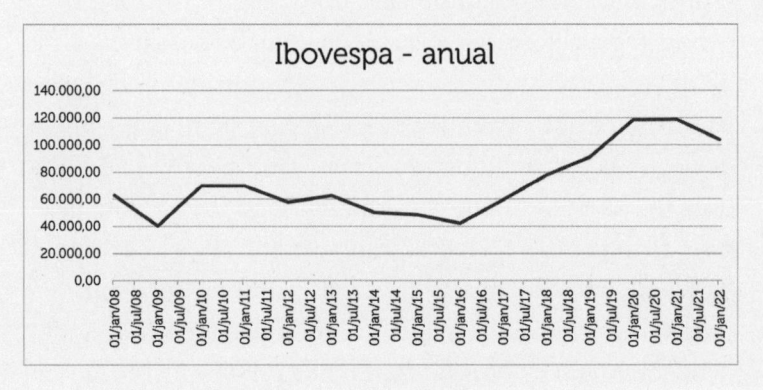

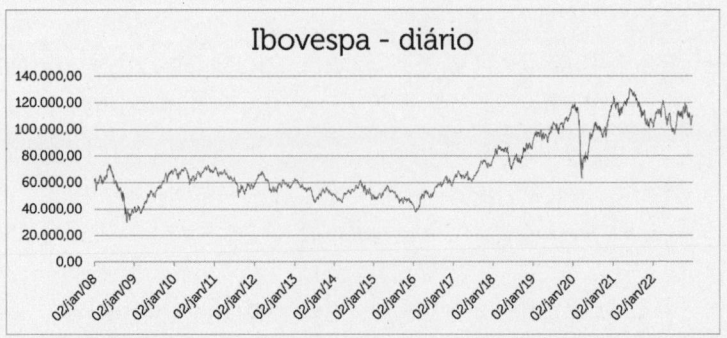

O gráfico anual é muito mais suave e sem tanta oscilação, diferentemente do gráfico diário. O fato é que a renda variável sempre cresce ao longo dos anos — desde que a empresa da ação não quebre, obviamente. Mas, mesmo no caso das empresas que quebram, é possível prever esse tipo de acontecimento pelas notícias e mudar de estratégia.

Dentro da renda variável, existe o famoso *day trade*, que é uma estratégia de curto prazo realizada por aqueles que compram e vendem a ação no mesmo dia, às vezes em até horas ou minutos depois. Normalmente, quem faz isso trabalha com análise técnica ou análise gráfica. Por meio dos gráficos que mostram o histórico de preços dos ativos, é possível estudar e especular a possibilidade de uma ação cair ou subir num determinado dia; é assim que o pessoal do *day trade* trabalha.

Existe também a análise fundamentalista, que é aquela que avalia a DRE[12] da empresa, o balanço, fluxo de caixa, receitas, despesas etc. Assim, é possível avaliar, por meio de indicadores, se a empresa tem capacidade de crescer ou não.

O *swing trade* é parecido com o *day trade*, mas a compra e venda acontece no intervalo entre semanas. Já o *buy and hold* é quando você compra (*buy*, em inglês) e segura aquela ação por um tempo (*hold*, segurar, em inglês), e é utilizada sempre numa estratégia de longo prazo.

Uma dica que sempre dou para quem está começando a investir é que, caso queira entrar nas ações de empresas, e principalmente caso queira se aventurar sozinho, invista em setores que você conhece, da sua área de atuação.

Médicos, por exemplo, invistam em empresas da área da saúde! Isso porque é um assunto do qual você já tem certo entendimento. Se você quiser fazer experiências, vá atrás de

---

12 A Demonstração do Resultado do Exercício evidencia a formação do resultado líquido de uma empresa num determinado ano, por meio do confronto das receitas, custos e resultados, apuradas segundo o princípio contábil do regime de competência.

produtos do seu segmento. Assim, você saberá identificar caso haja alguma situação alarmante na empresa e poderá proteger seu investimento.

Na verdade, é importante estar sempre atento a qual é a empresa em que você decide investir. Quando uma empresa abre capital na bolsa, nem sempre significa que ela está indo muito bem! Às vezes, ela faz isso para arrecadar capital para pagar dívidas. Aí o desavisado compra a ação, achando que está fazendo algo incrível, quando na verdade a empresa já está prestes a quebrar.

Nesse processo, a empresa abre com um IPO[13], que normalmente é calculado numa estimativa, num *valuation*, que é um cálculo um tanto quanto subjetivo, de quanto a empresa acha que vale no mercado. Eu sempre digo para ter cuidado ao comprar a ação de uma empresa no IPO, porque esse cálculo pode ser um tanto quanto superestimado! Digamos que a empresa abre dizendo que cada ação sua vale trinta reais. Você está empolgado, vai lá e compra, achando que vai ficar rico. Porém, uma semana depois, é feita a correção natural do valor, e a ação cai para vinte reais — essa é a hora em que a maioria das pessoas se desespera, porque terá de confiar que essa empresa abriu capital na bolsa por um sentido maior, e não para pagar uma dívida.

---

13 O IPO é a sigla para *Initial Public Offering*, que significa Oferta Pública Inicial. Basicamente, é quando os donos de uma empresa vendem parte dela para os investidores. Esse processo é público, porque qualquer pessoa pode comprar as ações da companhia na bolsa de valores.

Ao longo deste livro, já falei muitas coisas sobre investimentos. Mas é importante mencionar também a *proteção patrimonial*, que é um assunto extremamente importante, mas comumente muito negligenciado.

Na proteção patrimonial, é preciso se preocupar com duas coisas: reserva de emergência e gestão de risco.

A reserva de emergência é semelhante à reserva estratégica. Inclusive, o local para guardar/investir as duas pode ser o mesmo, para garantir liquidez e segurança — o foco aqui não deve ser a rentabilidade, você precisa desse dinheiro livre na hora que precisar.

Convencionou-se socialmente que uma reserva de emergência deve idealmente equivaler à quantia de seis a doze meses dos seus custos fixos. Para uma conta hipotética simples, digamos que você gaste dez mil para viver, pagar as contas etc. Assim, a sua reserva de emergência deve ser de 60 a 120 mil. Esse é o valor ideal, e eu aconselho fortemente que todos tenham essa reserva.

Uma situação em que essa reserva foi útil e que todos identificarão é a pandemia da covid-19 (2020–2023). Quando ela explodiu, e os governos todos declararam *lockdown*, ninguém imaginou que passaríamos tanto tempo trancados em casa sem poder trabalhar! Nessas horas, a reserva de emergência pode ser a salvação da sua família. Para os profissionais liberais, como a maioria dos médicos, que vive de plantão, eu sugiro que mantenham esse cálculo da reserva em pelo menos doze meses.

Na hora de fazer seu autopagamento, a ordem de preocupação deve ser: pagar as dívidas, se proteger, fazer a reserva de emergência e só depois montar sua carteira de investimentos. Sabe por quê? Se você não tiver uma reserva de emergência montada, no primeiro imprevisto que surgir, você vai retirar dinheiro de onde? Da carteira de investimentos. E, se tiver o azar de tirar dinheiro da carteira de investimentos em um momento inadequado, irá perdê-lo.

Depois da reserva de emergência, vem a gestão de risco. Afinal de contas, como proteger seu futuro financeiro?

Eu uso uma regra que é a seguinte, 30% do seu salário você usa como autopagamento (o que implica a reserva de emergência e investimentos), e os 70% restantes você destina para os seus gastos (55% para despesas e 15% para o lazer). Dos 30% que vão para os investimentos, 5% devem ser destinados para proteção patrimonial.

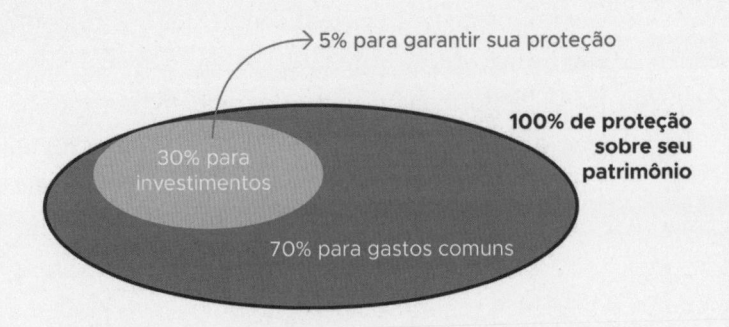

→ 5% para garantir sua proteção

30% para investimentos

100% de proteção sobre seu patrimônio

70% para gastos comuns

A principal ferramenta para essa proteção financeira é o uso de seguros, garantindo, assim, a sua proteção como gerador de renda, a segurança dos seus familiares, caso algum imprevisto aconteça com você, e a manutenção do seu patrimônio a longo prazo. Além disso, os seguros são ótimos instrumentos para sucessão patrimonial.

É possível também fazer alavancagem patrimonial por meio de seguros. Quando você faz um seguro de vida bom, do tipo "vida inteira", você pode até não utilizá-lo, mas a sua família com certeza vai! O dinheiro investido vai voltar todo para o seu patrimônio.

Existem basicamente dois tipos de seguros de vida, o tradicional e o *whole life*, que é, traduzindo do inglês, para a "vida inteira". O primeiro tipo normalmente é mais barato, reajustado apenas por tabelas atuariais, a cada cinco anos. Na verdade, ele começa mais barato, mas aumenta de valor a cada cinco anos. Porém, ao passar do tempo, quando envelhecemos, vamos diminuindo a atividade laboral e, consequentemente, a renda ativa. Nesse momento, as contas sobem e a renda diminui, então o que você faz? Deixa de pagar o seguro, que pagou dos 20 aos 70 anos, e todo o investimento vai para o lixo.

Outro grande problema com esse tipo de seguro é que, a depender do que tem no atestado de óbito da pessoa e a apólice feita, o banco não é sempre obrigado a pagar. Isso porque a avaliação é pós-morte! Se eu fizer o seguro aos 30 anos, e não tiver histórico de hipertensão ou diabetes, e, quando morrer, com mais de 80, a causa da morte for hipertensão e diabetes, que geraram um infarto, a seguradora pode dizer que não tinha nada disso incluso na apólice.

Nesses casos, o que acontece? O seguro não é pago, a família perdeu a pessoa, fica desamparada e todo o dinheiro investido no seguro não serviu de nada.

Já o seguro *whole life* funciona com uma avaliação de risco prévia, mas a seguradora precisa te aceitar como cliente, não basta chegar lá e dizer que quer. A principal vantagem é que você pode fazer dele vitalício, de forma que não importa quanto tempo você escolhe para pagar ou como você morreu, a seguradora garante que pagará sua família com o valor acordado. Outra enorme vantagem é a possibilidade de adicionar outros produtos para utilizar ainda em vida, como no caso de uma doença grave.

No caso de o segurado ser diagnosticado com um câncer, por exemplo, ele receberá o valor do benefício. Digamos, então, que o mesmo segurado, três anos após o câncer, sofre um infarto e precisa inserir um *stent* — receberá novamente o benefício. Aí você pode adicionar os produtos que quiser, e, quanto mais coisas, obviamente, maior o valor.

Essa é uma estratégia que chamo de "comprar patrimônio", porque eu asseguro um valor fixo de patrimônio que vai ser entregue para a minha família depois que eu morrer e pago por isso regularmente.

De nada adianta construir um patrimônio, se, quando morrer, sua família passar dificuldades num momento tão delicado.

Quando se fala em sucessão patrimonial, existem algumas outras estratégias e formas para fazer isso. Além do seguro, existe a opção também de utilizar, por exemplo, uma holding, que é um conglomerado de empresas com uma empresa maior que comanda tudo. Dentro da sucessão patrimonial, a holding funciona como uma blindagem de patrimônio — desde que possua apenas dinheiro e bens imóveis.

Outro mecanismo é a previdência privada. Assim como o seguro, a previdência não vai para o inventário. Porém, gosto de comparar a previdência com comprar um copo vazio, porque você precisa regularmente encher esse copo, capitalizá-lo. Se

"A MAIORIA DAS PESSOAS NÃO PERCEBE QUE NA VIDA FINANCEIRA O QUE IMPORTA NÃO É QUANTO SE GANHA, MAS QUANTO DINHEIRO SE CONSERVA."

ROBERT KIYOSAKI

eu começar a investir em uma previdência privada hoje, para usufruir do capital investido durante a aposentadoria, mas acontece uma fatalidade e venho a falecer no mês seguinte, o copinho ainda estará vazio, pois não tive tempo de enchê-lo. O seguro, por outro lado, funciona como comprar um copo cheio. Se acontecer o sinistro no mês seguinte ao fechamento do seguro, sua família receberá todo o benefício acordado.

Seja qual for o caminho que escolher seguir ou o seu objetivo, a maioria das pessoas que investem tem algo em comum: quer garantir segurança para o seu futuro e o de sua família. Não falo nem em ser rico ou deixar ninguém rico, mas poder proporcionar conforto e oportunidades para seus filhos, saber que sua família ficará bem, não importa o que aconteça com o mundo ou com você.

Por isso eu comecei a investir e sei que é essa também a razão de muitos que me procuram.

Eu concordo demais, e acho que essa ideia faz toda a diferença na vida de quem investe. Se ganho dez reais e gasto dois, estou conservando oito! Se ganho trinta e gasto 28, só estou conservando dois! Essa é uma mensagem que acho fundamental. É claro que você pode gastar o dinheiro que ganhou e fez por merecer, esse sucesso é seu, usufrua dele! Mas se pague primeiro! Use o dinheiro com sabedoria, faça suas reservas, sua gestão de risco, aja com cautela e sem exageros.

Investir nada mais é do que proteger: proteger a você, proteger à sua família e proteger aos seus.

QUANTO VALE A SUA HORA?

Somos médicos da cidade de Vitória da Conquista, na Bahia, e criamos uma poupança para investir e descobrir formas de como esse dinheiro poderia render. Conhecemos o Paulo Porto por meio de sua esposa Clarissa, nas redes sociais. Quando ele criou seu perfil Doutor Investimentos no Instagram, passamos a acompanhar todo o conteúdo que publicava, pois o tema investimentos sempre despertou a nossa curiosidade, embora não conseguíssemos levar o nosso plano adiante.

Começamos a trocar mensagens nas redes sociais e estreitamos nossa relação. Paulo era sempre muito solícito e esclarecia nossas dúvidas. Então, ele nos apresentou a Aplix, e fizemos uma reunião para conhecer seu projeto para os nossos investimentos. Fomos orientados a criar uma reserva de emergência, a buscar proteções e seguros, entre outras recomendações.

Decidimos abrir uma conta depois de uma excelente apresentação, muito bem construída. Paulo sempre demonstrou amplo conhecimento e domínio dentro dessa área, e criamos uma relação até de amizade, devido à sua simpatia e atenção tão especiais. Vale destacar que nunca nos conhecemos pessoalmente, e nosso contato sempre foi exclusivamente online.

Somos muito conservadores com a nossa vida financeira, mas sentimos bastante confiança para começar a investir com o apoio de Paulo, sua empatia e transparência. Recebemos valiosas dicas, tanto pessoais quanto profissionais. Além disso, ele nos deu muitas orientações também sobre a medicina, e isso nos cativou bastante. Toda a sua experiência engrandeceu o nosso aprendizado e a nossa relação.

Nós admiramos bastante o médico e investidor Paulo Porto, agradecemos seu carinho e desejamos um futuro ainda mais brilhante que o presente.

Vitor Argolo e Lorena de Fátima

SI VIS PACEM, PARA BELLUM

"Se quer paz, prepare-se para a guerra", essa é a tradução para esse provérbio latino que conversa com tudo o que tive a oportunidade de tratar até aqui. Vou explicar o porquê.

Este livro poderia facilmente ser considerado como seu manual, para você que é um colega médico, um profissional liberal ou que está terminando a faculdade e ainda não cometeu erros primários como os financiamentos e as dívidas supérfluas; para você que está investindo em melhorar sua formação e ainda não está tão amarrado à prisão dos plantões, ou até mesmo para você que começou perdido, mas que ainda cultiva a esperança de encontrar o caminho certo, se reorganizar e trilhar sua jornada com mais propósito, fazendo da vida financeira uma grande aliada.

À primeira vista, o mundo dos investimentos pode até parecer um bicho de sete cabeças, pode até parecer um enigma ou um labirinto, mas na verdade não é. Tudo aquilo que é novo e desconhecido sempre será desafiador, mas a recompensa da independência financeira e a valorização do seu tempo ao lado daquilo que lhe é mais precioso não podem ser mensuradas.

Fato é que, para desfrutar dessa recompensa, dos dias de paz e tranquilidade, será preciso passar por um processo que muitas vezes exigirá sacrifícios, o abandono de hábitos ruins e disciplina.

"*Si vis pacem, para bellum.*" É preciso se preparar, porém nada é tão difícil que não possa ser executado.

O básico bem-feito sempre dá bons resultados.

Já será um grande passo se você parar neste momento para exercitar o autoconhecimento, identificando tudo o que você já construiu até aqui, reconhecendo seu momento de vida e suas necessidades atuais para, então, conciliá-los com a sua visão de futuro e objetivos que deseja conquistar. Sem conhecer a si próprio, você não se enxergará em lugar nenhum.

A partir disso, comece a colocar em prática os bons hábitos de que falamos aqui:

- Identifique suas dívidas e trace uma estratégia para eliminá-las,
- Cultive o autopagamento, mantendo equilibradas as receitas e despesas essenciais.
- Invista na evolução da sua carreira e da sua jornada profissional para ampliar sua capacidade de poupança.
- Siga a pirâmide do planejamento à risca e tenha disciplina para construir constantemente a sua fonte de renda passiva, para não ser assombrado pelo fantasma dos plantões até o final da sua carreira.

E não esqueça: investir é proteger. É preciso proteger a si próprio, àqueles que você ama e estão ao seu lado e ao seu patrimônio conquistado com bastante esforço. E, se você precisar de ajuda, conte com bons profissionais, que estejam do seu lado da mesa e que o ajudarão a conquistar tudo com que sempre sonhou.

Se você, estimado colega, conseguir colocar isso em prática, certamente conseguirá, ao longo da sua carreira, chegar ao final da jornada sem plantões.

Paulo Porto, Doutor Investimentos

O BÁSICO BEM-FEITO SEMPRE DÁ BONS RESULTADOS.

@DOUTORINVESTIMENTOS

APRESENTAÇÃO DO AUTOR E SEUS CONTATOS

Paulo Emmanuel de Miranda Porto é católico, conservador nos costumes e liberal na economia; é casado com a Dra. Clarissa Aguiar e pai da Sara e da Letícia. Médico pela FAMED UFC SOBRAL. Anestesiologista pelo CET HGF-CE. Membro efetivo da SBA e SAEC. Pós-graduado no estudo da dor pelo Hospital Israelita Albert Einstein.

Fellow no programa de dor intervencionista da USP-RP. Membro efetivo da SBED. Investidor qualificado há mais de 10 anos. Sócio da Aplix Capital Group. MBA IBMEC de *stock picking*.

FONTE Adobe Garamond Pro
PAPEL Offwhite 80g
IMPRESSÃO Paym